소중한 마음을 담아

_____ 님께 드립니다.

고경호

국제공인재무설계사(CFP)이자 '돈 관리 코칭 전문가'인 저자는, 재테크의 기본은 우선 최대한 많은 돈을 저축하는 것이라고 이야기한다. 때문에 자신의 수입 중 얼마를 어디에 지출하고, 매월 얼마를 남기는지 정확히 알아야 함을 강조한다. 그러나 그게 쉽지 않은 일임을 누구보다 잘 알고 있다.

그래서 저자는 '자동화된 돈 관리 시스템'을 갖추었고, 그에 따라 자신의 돈을 관리함으로써 이런 문제를 해결할 수 있었다. 지출을 통제하고, 예비자금을 보유하고, 장기간 투자하는 습관을 계속 유지하기 위해 4개의 통장을 이용해 돈을 모으고, 묶고, 굴리는 것이다. 이 책에서는 이렇게 돈을 관리하는 방법에 대해 상세히 소개하고 있다.

저자는 푸르덴셜생명보험, 우리투자증권, 알리안츠생명보험 등에서 8년간 근무하며 재무상담과 강의 활동을 했다. 지금은 '고경호 돈관리코칭연구소'를 설립하여 돈 관리에 관한 강연 및 코칭 활동을 통해 평범한 사람들이 꿈을 펼치는 데 도움을 주고 있다.

고경호의 돈관리 코칭 연구소_ www.moneycoaching.co.kr

평범한 사람이 목돈을 만드는 가장 빠른 시스템

4개의 통장

고경호 지음

추천사

● 단숨에 읽었다. 소설을 읽을 때처럼 다음 내용이 궁금하고 다음 장을 빨리 읽고 싶다는 생각이 들었다. 그만큼 쉽고 편안했다. 재무 전문 상담가가 경제에 문외한인 나를 고객으로 앉혀 놓고, 그 동안 궁금했던 것들을 하나하나 상담해 주는 느낌이었다.

다른 재테크 서적이 대체로 이론적 설명이 어렵고 지루한 데 비해, 이 책은 쉽게 이해가 가고 무리 없이 읽어 나갈 수 있다. 재테크의 기본인 '돈'의 관리를 통해 생활 속에서 자연스럽게 그리고 건전하게 재테크에 접근할 수 있도록 유도하고 있고, 무엇보다 제3장에서 저자가 제시하는 '돈 관리 시스템'은 그 동안 막연하고 답답했던 경제적 문제를 시원하게 해결해 주는 돌파구 역할을 해 준다. 특히 저자의 가정을 실례로 들어줌으로써 훨씬 이해하기가 쉽고, 신뢰감이 간다.

지금까지 '재테크'하면 굉장히 전문적이고 어려운 것으로만 생각해서 늘 곁눈질하며 도망쳤었다. 그러나 이 책을 읽고 자신감이 생겼다. 재테크란 현재와 미래를 위한 철저한 삶의 계획이며, 실천의 결과라는 것을 뒤늦게나마 뼈저리게 느꼈다. 좀 더 일찍 이런 책을 만나지 못했던 게 몹시 아쉽다. _신정숙(교사, 48세)

● 나는 30대 초반임에도 불구하고 재테크에 무지하고 소극적이며 부정적이었다. 그래서 사실 책장을 처음 넘겼을 때는 내용이 조금 어렵다는 느낌이었다. 하지만 처음부터 다 소화시키겠다는 생각을 버리고 편안한 마음으로 읽은 후 또 다시 읽을 생각을 하니 마음이 편안해졌다. 실제로 책을 읽고 나니 재차 읽고 싶은 마음을 갖게 하는 부분이 많았다.

그 동안 나는 재테크 책을 고를 때 오로지 책의 제목만을 믿었다. 그러나 수 권의 책들을 읽고 느낀 점은 소문난 잔칫집에 먹을 것이 없구나 라는 사실뿐이었다. 제목에 현혹되어 내용을 기대했지만 실망을 안겨준 책이 다수였다. 또한 많은 종자돈 없이는 전혀 실행할 수 없는 방법만이 적혀있거나 부자가 되려면 처음부터 부자였어야 했다고 자괴감만 느끼게 해주는 책들도 있었다.

그런데 이 책은 터무니 없이 부자가 되라고 말하지 않는다. 대신 지금 당장 나를 부자되는 길로 들어서게 하는 구체적인 방법을 제시하고 있다. 때문에 나도 정말 부자가 될 수 있겠구나 라고 느꼈다.

내용이 너무 쉬우면 읽은 후 아쉬운 점이 많이 있고, 너무 어려우면 무슨 뜻인지도 모르고 여전히 독서 전과 다름 없는 지식만 유지하게 되었을 텐데 평소 궁금했던 내용들이 꼼꼼하게 잘 설명되어 있었기 때문에 두 번, 세 번 읽으면 나도 편안하게 목돈을 모을 수 있겠구나 하는 자신감이 생길 것 같다. 이 책이 재테크에 무지한 나 같은 독자에게 빛이 되길 바란다. _이향숙(회사원, 31세)

● 재테크에 대한 동기 부여에 그치는 다른 서적에 비해 구체적인 실천방안을 제시하고 있다는 점이 좋았다. 책꽂이에 꽂아두고 수시로 참고할 수 있는 책이다. 사실 가계부 정리에 한번도 성공한 적이 없어, 돈 관리의 첫 번째 단계인 지출 관리에 대해 고민해오고 있었다. 그런데 이 책에서 제시한 분류와 방법을 따라 하면 생각보다 쉽게 해결될 수 있으리라 생각된다.
시중에는 재테크 책들이 많이 있지만 초보자들이 직접 따라하면서 자신의 방식을 고치고 새로운 돈 모으기 방법을 실천하기에 이보다 좋은 책을 찾기는 무척 어려울 것 같다. _김상진(연구원, 36세)

● 천편일률적으로 '돈 많이 벌었다', '이렇게 하면 돈 많이 벌 수 있다' 등의 도서와 달리 자신의 소비 패턴을 정립하고 자신의 투자 성향에 부합하여 투자할 수 있는 동기를 부여할 수 있는 책이다.
저자의 상담 사례와 자신의 실제 돈 관리 방식을 중심으로 기술되어 있어 어디서부터 어떻게 가정의 재무관리를 진행해야 할지 몰라서 목말랐던 사람들에게는 시원한 약수로 느껴질 것 같다.
더불어 일선 금융 현장에서 고객과의 관계 형성과 유지, 재무상담 등에 어려움을 겪고 있는 재무설계사들에게 필독서로도 권하고 싶은 책이다. _ 김태헌 (국제공인재무설계사, 39세)

프롤로그
땀 흘려 번 소중한 돈을
잘 관리하는 시스템

지금까지 내가 돈 관리와 투자에 관한 상담이나 강의로 만난 사람은 1,000여 명이다. 이들의 직업과 나이, 재산과 소득은 천차만별이었고, 희망하는 부富의 수준 역시 서로 달랐다. 금융소득종합과세나 상속증여처럼 돈이 많아서 생기는 고민을 하는 사람도 있었지만, 대부분은 부자가 되기를 꿈꾸고 원하는 평범한 사람들이었다.

그런데 이들에게는 한 가지 공통점이 있었다. 직장과 일을 위해서는 많은 시간을 소비하고 고민하지만, 자신의 돈을 관리하기 위해서는 그렇게 하지 못하고 있다는 점이었다. 어떻게 보면 안 하고 있다는 표현이 더 맞을지도 모르겠다. 이런 사실을 알고 난 이후부터 나는 상담을 할 때 사람들로 하여금 많은 생각과 고민을 하도록 만들었다.

예를 들어 누군가 주식형펀드를 추천해 달라고 하면, 우선 그 사람의 투자 목적, 투자 기간, 투자 위험 등을 구체적으로 고민하게 했다. 이에 따라 주식형펀드에 투자하는 게 적절한 선택이라 여겨진다면, 이번에는 투자 가능한 돈 중 전부를 투자할지 아니면 일부만 투자할지를 고민하도록 만들었다. 그 다음으로는 펀드를 선택할 때 고려해야 할 점과 공개된 정보를 이용하여 여러 펀드를 비교하는 방법을 알

려줌으로써 스스로 결정할 수 있도록 도와주었다.

만약 누군가 어떤 보험 상품에 가입해야 하는지 묻는다면, 질병이나 사고로 치료를 받을 때 충분한 보상을 받는 것과 사망하였을 때 남은 가족의 생계 문제를 해결하는 것 중 어떤 게 더 중요한지를 여러 상황을 떠올리며 고민하도록 만들었다. 그리고 현재의 수입과 지출 상태 등을 고려했을 때 어느 정도의 보험료를 지불하는 게 적절한지 스스로 결정할 수 있도록 도와주었다.

내가 고민거리부터 던져 주었던 이유는 돈에 관한 결정은 그것이 투자이든 소비이든 남에게 이끌리지 말고 본인이 직접 해야 하며, 결과 역시 자신의 책임이라고 믿기 때문이다. 특히 원금 손실 가능성이 있는 투자를 할 때는 금융 전문가의 조언이라도 참고할 뿐이지, 결정의 가장 중요한 기준이 되어서는 안 된다. 투자하려는 대상에 대해 충분히 이해할 수 없다면, 그 대상에는 투자하지 말아야 한다. 이를 바꾸어 해석하면 금융 전문가가 선택에 대한 결과까지 책임져 주지는 않는다는 것이고, 친구나 직장 동료 등 비전문가의 말만을 듣고 하는 투자 결정은 정말 위험한 선택이라는 것이다. 비전문가라도 자신의 노력만으로 많은 부富를 축적한 사람의 조언이라면 예외가 될 수 있지만, 어떤 경우이든 스스로 판단하고 최종적으로 결정을 내려야 한다. 이는 돈에 관한 공부와 고민을 꾸준히 하지 않고서는 어렵다.

　나는 항상 '돈 관리 시스템'을 강조한다.

　시스템이란 이런 것이다. 예를 들어 자동차를 생산하는 공장에서 완제품이 나오기까지의 과정을 살펴보자. 연구와 개발 과정을 거쳐 생산 라인이 만들어지기까지는 많은 노력과 시간이 소요된다. 하지만 자동차를 만드는 순서와 생산 장비만 갖추어지면, 이후 자동차는 정해진 규칙과 분업화된 작업에 의해 자동적으로 생산된다. 차 유리를 끼우는 일을 맡은 직원은 어떤 유리를 어느 곳에 끼워야 하는지 고민하지 않는다. 정해진 위치에 정해진 유리를 끼우면 되기 때문이다. 차문을 조립하는 직원도 어떤 차문을 어디에 결합해야 하는지 고민하지 않는다. 역시 정해진 위치에 정해진 차문을 조립하면 된다. 심지어 이러한 작업을 위해 사람이 자리를 이동하지도 않는다. 생산 중인 차는 각 공정이 끝날 때마다 다음 공정을 위해 자동으로 이동되기 때문이다. 이와 같은 생산 시스템에 의해 완제품은 반복적으로 생산된다.

만약 돈도 이처럼 자동화된 시스템에 의해 관리가 가능하다면 많은 시간을 들일 필요도 없으며, 효과적으로 원하는 결과를 생산할 수 있다고 생각한다. 이는 나의 경험에 의한 판단이며, 실제로 나는 4개의 통장으로 구성된 '돈 관리 시스템'에 의해 돈을 관리하고 있다.

내게 상담을 받았던 여러 사람이 짧게는 일주일, 길게는 수 개월에 걸쳐 자신의 금융 상태를 뜯어 고쳤다. 그리고 현재는 내가 제시한 방법 혹은 그와 유사한 방식으로 돈을 관리하고 있으며, 변화에 만족하고 있다. 이 같은 결과에 고무된 나는 이 '돈 관리 시스템'을 보다 많은 사람과 공유하고 싶었다.

그리고 평범한 사람들이 땀 흘려 번 소중한 돈을 스스로 잘 관리하고 투자할 수 있기를 바라는 마음으로 이 책을 썼다. 나는 '수학의 정석'처럼 돈 관리와 투자에 관한 '기본서'가 되길 바랐고, '전자제품 사용 설명서'처럼 돈 관리 '매뉴얼'을 만들고 싶었다.

때문에 이 책은 고수익을 얻는 재테크 비법이나 화려한 투자 성공의 사례를 소개하지는 않는다. 대신 돈 관리 '원칙'과 투자 '원리'에 관한 내용들을 담았으며, 누구나 쉽게 따라 해 볼 수 있는 실천 방안을 제시하기 위해 노력하였다.

  나의 책은 재테크에 관심은 많지만 무엇부터 시작해야 할 지 몰라 이도 저도 못하고 있는 사람들에게 돈 관리와 투자에 관한 기본기를 익힐 수 있는 기회를 줄 것이며, '나도 할 수 있다'는 자신감을 줄 것이다. 또한 평소 재테크 책을 많이 읽고, 실천해 보지만 자신만의 원칙과 전략이 없어 우왕좌왕하고 있는 사람들에게는 기본으로 돌아가 새롭게 시작할 수 있는 계기를 줄 것이다. 나의 책을 통해 많은 사람이 돈 관리와 투자에 관한 아이디어를 얻고, 자신의 여건에 맞는 돈 관리 시스템을 갖게 되기를 간절히 바란다.

Contents

추천사 • 3
프롤로그 땀 흘려 번 소중한 돈을 잘 관리하는 시스템 • 7

 ## 부富의 방정식

얼마를 가져야 부자일까 • 16
부富의 방정식 • 24
 - 간절하게 꿈꿔라 • 25
 - 복리로 투자하라 • 28
 - 시간을 들이고 또 들여라 • 42
부富의 목표는 계산해둔다 • 48

 ## 돈 관리의 정석

돈을 관리한다는 것은 • 60
저축하고 대비한 후 투자하라 • 63
3단계 돈 관리법 • 66
 - 1단계. 지출을 통제하라 (지출 관리) • 66
 - 2단계. 예비자금을 보유하라 (예비자금 관리) • 75
 - 3단계. 장기간 투자하라 (투자 관리) • 91

 ## 돈 관리 시스템

시스템으로 하는 돈 관리 • 100
4개의 통장 • 103
 - 급여 통장의 활용 (급여 수령 및 고정 지출 관리) • 106

－소비 통장의 활용 (변동 지출 관리) • 108
－예비 통장의 활용 (예비자금 관리) • 112
－투자 통장의 활용 (투자 관리) • 113
돈 관리 상태를 점검하자 • **120**

 자산과 부채의 이해

자산과 부채 • **126**
－자산 • 126
－부채 • 130
－순자산 • 135
부채를 이용한 주택 구입을 꼼꼼히 따져보자 • **140**
－주택담보대출, 이용할까 말까 • 140
－주택담보대출은 어떤 게 좋을까 • 152
－주택담보대출은 어느 정도로 받을까 • 153

 실전 투자 관리

투자는 마라톤이다 • **162**
원칙과 전략 • **166**
목적에 따라 자산을 배분하자 • **172**
－자녀 대학 자금 마련을 위한 투자 • 178
－노후 자금 마련을 위한 투자 • 194
－기타 다른 목적을 위한 투자 • 202
－투자 비율의 조정 • 206
－나만의 포트폴리오 • 209
포트폴리오의 기대수익률 • **218**
투자의 계절은 순환한다 • **238**

에필로그 열심히 관리하는 사람은 당해낼 수가 없다 • 243

제1장

부 富 의 방정식

얼마를 가져야 부자일까

사람들의 돈에 대한 관심과 부자가 되려는 욕망은 시대가 바뀌고 세상이 바뀌어도 가장 변하지 않는 것들 중 하나라고 한다. 돈이 많은 사람은 더 많은 돈을 원하고, 돈이 없는 사람은 당장의 생계를 위해서 돈이 필요하다. 돈이 인생의 전부는 아니라고 하지만, 사람들은 성년이 된 이후 인생의 절반 이상을 돈을 벌기 위해 직장을 다니거나 사업을 한다. 그리고 많은 사람이 돈 때문에 나이가 들어서도 일을 한다. 특히 돈이 없어 어려움을 겪는 사람이라면 돈에 대한 갈증은 단순한 목마름과는 비교할 수 없을 만큼 심각하며, 고통스럽기까지 하다.

　최근 사람들의 돈에 대한 관심은 그 어느 때보다 폭발적이다. 수많은 재테크 책이 매일 쏟아져 나오고, TV, 라디오, 신문 등 대중 매체도 경쟁적으로 재테크 관련 프로그램과 기사를 내보내고 있다. 은행,

증권사, 보험사 등 금융회사들도 치열하게 금융상품 판매 경쟁을 하고 있다.

이러한 분위기에서 어떤 사람은 뭔가 하지 않으면 남들보다 훨씬 뒤처질 것 같은 불안감마저 느끼게 되고, 좀 더 빨리 부자가 되고 싶다는 욕심 때문에 조급증이 생기기도 한다. 혹시 당신도 그렇다면 스스로를 진정시킬 필요가 있다. 왜냐하면 이러한 불안감은 당신의 피 같은 돈을 잘 알지도 못하는 대상에 투자하게 만들고, 조급증은 당신의 목숨과도 같은 돈을 투기 행태에 내던지게 만들며, 이런 행위가 반복될수록 당신의 부자 되기 꿈은 점점 먼 곳으로 달아날 것이기 때문이다.

당신은 얼마의 돈이 있어야 부자라고 생각하는가? 그 기준에 맞추어 당신도 언젠가는 부자가 될 수 있다고 생각하는가? 단순한 질문이지만 평소 진지하게 고민하지 않았다면 쉽게 답하지 못할 것이다. 최근 들어 '10억 만들기'라는 말이 유행처럼 번졌고, 많은 사람이 10억 원을 부자의 기준으로 생각하는 것 같다. 따라서 이 기준으로 향후 당신이 부자가 될 수 있는 지 살펴보자.

당신의 연봉이 3,000만 원이라면 한 푼도 쓰지 않고 33년을 모아야 10억 원을 마련할 수 있다. 연봉이 5,000만 원이라면 한 푼도 쓰지 않고 20년을 모아야 한다. 임금 인상과 적절한 투자 수익률을 고려하면 시간을 단축할 수도 있겠지만 수입을 한 푼도 쓰지 않고 전부 저축하는 것 자체가 대부분의 사람들에게는 불가능한 일이기 때문에 굳이 임금 인상이나 투자 수익률을 따져 가며 계산해 보지 않더라도 10억 원을 만드는 일은 결코 쉽지 않음을 알 수 있다.

직장인이라면 급여를 받기 전에 이미 수입의 10% 이상이 소득세와 국민연금, 건강보험료 등으로 빠져나갈 테고, 당신이 가정을 꾸리고 있다면 손에 쥐어진 돈의 20%를 저축하기도 쉽지 않을 것이다. 더구나 요즘 퇴직 연령은 점점 낮아지고 있으며, 이후에 자영업을 하더라도 직장에서 받던 연봉 이상의 수입을 유지하는 것 역시 쉬운 일이 아니다. 물론 직장 생활을 할 때보다 훨씬 많은 수입을 얻을 수도 있겠지만 반대로 퇴직 전 모은 돈을 전부 잃게 될 수도 있다. 또한 20~30년 후 10억 원은 여전히 큰 돈이겠지만 물가 상승을 감안한다면 그 가치는 절반 또는 그 이하의 수준이 될 가능성이 높다. 따라서 10억 원보다는 더 많은 돈을 모아야 지금의 기준으로 부자가 될 수 있다.

만약 당신이 이미 40대 중반을 넘었고, 다행히 내 집 마련에 성공해서 서울에서 전용면적 $85m^2$(25.7평)의 아파트에 살고 있다면 최근의 평균 시세로 대략 5억 원 정도의 부동산을 가진 셈이고, 5,000만 원~1억 원 정도의 금융자산을 보유하고 있을 것이다. 주택담보대출을 모두 상환했다고 가정하면, 현재 5~6억 원 정도는 확보하고 있다고 볼 수 있으니 10억 원을 향한 고지가 멀지 않아 보인다.

하지만 당신의 큰 자녀는 조만간 대학에 진학할 것이고, 둘째도 곧 이어 대학에 진학할 것이다. 대학 등록금은 적게 잡아도 연간 700

만 원 수준이고, 이외에도 많은 돈이 필요하다. 따라서 두 자녀가 모두 대학을 졸업하게 될 50대 초반까지는 적어도 1억 원 이상을 더 지출하게 될 것이다. 그리고 머지 않아 자녀들의 결혼 자금도 준비해야 한다. 결혼 자금만큼은 자녀들 스스로 해결하라고 맡겨둘 수도 있겠지만 부모 마음은 다 똑같다고 아예 외면하기는 어렵다. 최소한 한 칸짜리 전세 방이라도 얻어 주고 싶을 것이다. 퇴직 전까지 추가적인 저축은 고사하고, 현재 가지고 있는 재산을 지키기도 어려울 수 있다. 이렇게 자녀들 결혼까지 시키고 나면 비로소 숨을 돌리고 남은 인생을 계획하게 될 것이다. 그 사이 아파트 값이 좀 올라 다행이라는 생각과 손에 쥐어진 퇴직금으로 장사나 해볼까 하는 생각을 하면서 말이다.

당신이 부자가 되고 싶다면 이처럼 다양한 문제들을 극복할 수 있어야 한다. 그렇지 못하면 부자가 되기는 어렵다. 부자가 되는 게 얼마나 어려운 지는 다음의 통계자료를 통해서도 확인해 볼 수 있다.

미국의 투자은행 메릴린치와 컨설팅회사 캡제미니가 함께 발표한 '2007년 아시아태평양 부자 보고서'에 따르면, 우리나라에서 100만 달러 이상의 금융자산, 그러니까 부동산을 제외하고 예금, 주식 등을 대략 10억 원 이상 보유한 사람의 수는 2006년 말 현재 9만 9,000명 정도라고 한다. 우리나라의 경제활동인구가 같은 해 기준 약 2,400만 명이니까 이들 중 10억 원 이상을 가진 사람의 숫자는 0.4%에 불과할 정도로 극소수라는 이야기이다. 그만큼 10억 원이라는 돈을 갖기는 생각보다 훨씬 더 어렵다.

우리나라에서는 금융자산보다 부동산으로 부자가 된 사람이 많기 때문에 이를 고려하면 양상이 조금 다르리라 생각할 수도 있다.

2007년 종합부동산세 대상자는 약 48만 6,000명이었다(당시 기준은 세대별로 합산하여 공시가격 6억 원 이상의 주택 또는 공시가격 3억 원 이상의 나대지 등을 보유한 사람들이었다.). 이들 중에는 앞서 말한 10억 원 이상의 금융자산을 보유한 사람들의 상당 수가 포함되어 있을 것으로 추정되지만, 그렇지 않더라도 부동산을 포함하여 10억 원 이상의 재산을 가진 사람의 수는 60만 명 미만이라는 계산이 된다. 말 그대로 대한민국 1%이다. 결국 대부분의 사람들에게 10억 원의 꿈은 결국 꿈으로 끝날 가능성이 매우 높다. 이처럼 쉽지 않음에도 불구하고 지금 대한민국의 정직하고 성실한 많은 사람이 자신도 10억 원이라는 큰돈을 언젠가 손에 쥘 수 있을 것으로 믿는다. 중국, 인도, 일본 등 아시아를 통틀어도 10억 원 이상의 금융자산을 가진 부자의 수는 260만 명에 불과한데, 우리나라에서는 수십, 수백만 명의 사람이 10억 원의 자산 보유자가 되기를 꿈꾸고 있다.

나는 이러한 통계를 오류 없이 재조합하여 누군가를 설득할 수 있을 만큼의 통계학적 지식을 갖고 있지 못하다. 또한 많은 사람이 갖고 있는 부자 되기 꿈을 훼손할 의도 역시 없다. 다만 사람들이 현실적이고 계산된 부富의 목표를 갖기 바랄 뿐이다.

그렇다면 부자들은 어떻게 부자가 되었을까? 앞서 말한 9만 9,000

명 중 상속에 의해 10억 원 이상의 자산을 보유하게 된 사람은 14%뿐이다. 48%는 사업 성공, 17%는 고소득, 나머지 21%는 다른 방법으로 부자가 되었다고 한다. 많은 재산을 상속 받지 못하더라도 부자가 될 수 있다는 사실은 사람들에게 희망을 주기에 충분하다. 자수성가한 많은 사람은 기본에 집중했기 때문에 부자가 될 수 있었다고 말한다. 하는 일에 최선을 다했고, 열심히 저축했다고 한다. 그러다 보니까 사업에 성공하기도 하고, 좋은 투자의 기회도 가질 수 있었다는 것이다. 이 과정에서 돈에 관한 고민과 공부를 많이 했음은 말할 것도 없다.

당신도 부자가 되고 싶다면 이들처럼 기본에 집중해야 한다. 그리고 그 '기본'이란 열심히 저축하는 일이다. 그렇다고 끼니를 거르거나 한 달에 한두 번 하는 가족들과의 간단한 외식조차 없애며, 스스로를 학대하라는 말이 아니다. 모든 사람이 10억 원 이상을 모아야 한다는 법은 어디에도 없기 때문에 어느 정도 삶의 질을 유지하면서도 충분히 저축할 수 있다. 내가 말하는 '충분한 저축'이란 본인의 여건에서 할 수 있는 최선의 저축을 뜻한다. 어떤 사람에게는 수입의 50%가 될 수도 있고, 어떤 사람에게는 수입의 5%가 될 수도 있다.

나는 많은 사람이 충분히 저축하지 못하는 이유가 낭비 때문이 아니라는 점을 잘 안다. 오히려 자신의 수입 중 도대체 얼마를 어디에 지출하고, 매월 얼마를 남기는지 잘 모르기 때문이라고 생각한다.

당신은 이번 달 급여 중 얼마를 소득세로 뗐고, 국민연금이나 건강보험료는 얼마나 빠져나갔는지 알고 있는가? 그리고 이번 달에는 얼마를 소비했는지, 지난 달보다 소비가 늘었다면 왜 늘었는지, 줄었다면 왜 줄었는지 파악하고 있는가? 혹은 야간에 은행 자동화기기 앞에 서서 구경도 못한 생돈 1,000원을 인출 수수료로 날려야 한다면 한 번쯤 망설이는가? 그리고 내일 은행 업무 시간에 다시 올까 고민해 보는가?

이처럼 지출하는 돈에 대해 많은 관심을 갖는 것만으로도 저축을 늘리는 데 큰 도움이 된다. 처음에는 어렵겠지만 조금만 노력하면 매월 일정한 금액의 돈으로 살아가는 습관도 가질 수 있다. 그리고 이러한 습관을 지속적으로 유지하면 분명히 지금보다 좀 더 저축할 수 있다.

어떤 사람들은 많은 돈을 벌어야만 부자가 될 수 있다고 생각한다. 하지만 충분히 저축하는 습관을 갖지 못하면 지금보다 많은 돈을 벌더라도 크게 달라지는 것은 없다.

나는 억대의 연봉을 받는 사람을 여러 명 알고 있다. 하지만 이들 대부분은 지금 많은 돈을 벌기 이전보다 나은 삶을 살고 있지 못하다. 이유는 단순하다. 돈을 많이 벌게 되면서 이전보다 더 소비하게 되고, 나중에는 소비에 대한 감각조차 없어져 자신이 정말 많은 돈을 지출하고 있다는 사실에 스스로 놀라기까지 한다. 그러다가 수입이 줄거나 어려운 일이 생기면 많은 돈을 벌기 이전보다 더 큰 경제적

어려움을 겪는다. 변하는 것은 없다.

돈도 사랑을 많이 주면 주인에게 보답한다. 그리고 작은 보답이 쌓이면 덩어리를 이루고 덩어리가 커질수록 돈이 자라는 속도도 빨라진다.

부자는 결코 왕도를 이야기하지 않는다. 당신의 돈을 노리는 사기꾼이 주로 왕도를 이야기한다. 당신이 정말 부자가 되고 싶다면 지금 충분히 저축하는 것으로부터 시작해야 한다. 사업이나 과감한 투자에서 얻을 수 있는 큰 성공은 그 다음에 생각해도 늦지 않다. 다만 당신 안에 잠자고 있을지 모를 사업가적 재능이나 투자에 관한 자기계발을 꾸준히 할 필요는 있다. 왜냐하면 크게 성공하는 사람은 소수에 불과하지만 당신도 그들 중 한 사람이 되는 기회가 언제 올지는 아무도 알 수 없기 때문이다.

부富의 방정식

자연에는 '힘의 법칙'이라는 게 존재한다. 뉴턴이 발견하여 수학적으로 완성했기 때문에 '뉴턴의 제2법칙'이라고 불리는 이 법칙은 다음과 같은 단순한 수학 공식으로 요약된다.

$$F(힘) = m(질량) \times a(가속도)$$

나는 만일 부자가 되기 위해 꼭 알아야 할 법칙이 존재한다면 어떤 식으로 표현할 수 있을까 고민해 보았다. 그리고 다음과 같은 결론을 내렸다.

$$부富 = 간절함 \times 복리투자 \times 시간^2$$

이 공식을 나는 '부富의 방정식'이라고 부르며, 이는 내가 생각하는 '부富의 법칙'이기도 하다.

부자가 되기 위한 절대 법칙이 실제로 존재하지는 않을 것이다. 그리고 이런 공식을 유도해 낸 논리적인 근거도 나는 제시하지 못한다. 하지만 이 공식에는 당신이 충분히 공감할 만한 재산 증식의 원리가 담겨 있다. 지금부터 이 방정식을 하나씩 풀어 보겠다.

간절하게 꿈꿔라

황해도에서 태어난 이순덕 할머니는 열살 때 부모님을 잃었다. 당시 돈을 벌기 위해 두 여동생을 남겨 두고 집을 나왔다가 6.25 전쟁이 터져 남한에 정착하게 되었다. 북에 두고 온 동생들이 너무 그리웠던 할머니는 통일이 되면 동생들에게 작은 집이라도 한 채씩 사주겠다는 일념으로 온갖 궂은 일을 하며 악착같이 돈을 모았다. 그리고 평생 모은 6억 원 상당의 재산을 건국대학교에 기부하였다. 기부 이유는 동생들에게 줄 수 없는 돈이라면 형편이 어려운 학생들을 위해 사용하고 싶기 때문이었다. 그러면서 학교 관계자들에게 통일이 되면 꼭 동생들에게 연락해 도움을 주라는 당부를 했다. ('건국대에 전 재산 기부한 실향민 이순덕 할머니', 2006. 1. 28. 동아일보, 윤완준 기자)

평생 홀로 살면서 악착같이 모은 돈 치고는 적다고 생각할 수도 있지만, 초등학교도 제대로 못 다닌 할머니가 삯바느질과 담배 가게를 해서 모은 돈 6억 원이라면 피와 눈물이 섞여 있는 큰 돈임에 틀림이 없다.

할머니가 이처럼 많은 돈을 모을 수 있었던 이유가 무엇이라고 생각되는가? 만약 할머니에게 북에 두고 온 동생들에 대한 그리움과 통일 후 동생들과 함께 행복하게 살고 싶다는 간절한 꿈이 없었다면 과연 6억 원이라는 큰 돈을 모을 수 있었을까?

내가 말하는 '돈에 대한 간절함'이란 바로 이런 것이다. 다른 무엇과도 바꿀 수 없는 간절한 꿈은 그 꿈을 이루기 위해 부자가 되어야 한다는 강한 동기를 부여한다. 내가 만난 사람들 중에는 변변한 직업도 없이 부모의 재산으로 생활하면서, 증여세나 상속세를 안내고 재산을 물려 받을 방법이 있는지 묻는 한심한 사람도 있었지만, 반드시 부자가 되어야만 하는 간절한 이유를 갖고 있는 사람도 여러 명 있었다. 그 중 가장 기억에 남는 사례를 하나 소개하겠다.

외국계 제약회사에 근무하는 30대 후반의 박 과장. 그는 가정 형편이 좋지 않아 어려서부터 힘든 일을 많이 겪었다. 특히 대학에 진학한 후 경제적인 어려움이 매우 컸는데, 공부를 열심히 해 여러 차례 장학금을 받았고 과외나 입시학원 강사로 일하면서 학자금과 생활비를 스스로 해결할 수 있었다. 졸업 무렵에는 미국으로 유학을 가거나 국내 대학원이라도 진학하고 싶었지만, 시골에 계신 가난한 부모님을 부양해야 한다는 생각 때문에 취업을 선택했다. 그는 두 가지 명확한 이유 때문에 반드시 부자가 되어야 한다고 생각했다.

첫 번째 이유는 자신의 자녀들이 공부에 욕심을 많이 갖게 된다면 10년이든, 20년이든 필요한 기간까지 충분한 교육 자금을 지원할 수 있어야 한다는 것이었다.

두 번째 이유는 가난 때문에 모진 삶을 살아 온 부모님께서 그에게 미안하다는 말을 할 때마다 자신은 결코 자녀들에게 그런 마음을 갖지 않도록 하고 싶다는 것이었다.

그는 입사 첫 해에 샀던 양복 4벌은 여러 번을 수선하여 입었고 그 중 2벌은 10년을 넘게 입고 다녔으며, 심지어 속옷도 10년 이상 입는 게 여러 벌 있다고 했다. 결혼 전에는 시골에 계신 부모님께 돈을 보내면서도 급여의 절반 이상을 저축했고, 결혼 후에는 맞벌이를 하면서 아내의 급여로만 지출하고 본인의 급여는 전부 저축했다. 드디어 아파트를 구입했지만 전세를 주고 처가에 들어갔다. 대출금 이자를 내는 것도 싫고, 육아의 도움도 받고 싶었기 때문이다. 그리고 전세금을 모두 돌려줄 수 있을 만큼 저축한 후 4년 만에 자신의 집으로 들어 갔다.

나는 박 과장의 부자가 되고 싶다는 간절한 소망이 그를 그렇게 행동하게 만든다고 느꼈다.

당신은 정말 간절히 부자가 되고 싶은가, 아니면 그냥 부자가 되면 좋겠다는 정도인가? 자신이 간절함을 가지고 있는지는 쉽게 확인할 수 있다.

　부자가 되고 싶지만 지금 충분히 저축하지 못한다면 그만큼 간절하지 못하기 때문이다. 앞서 밝혔듯 내가 말하는 충분한 저축이란 급여의 30% 이상을 해야 한다는 식의 절대적 기준이 아니다. 당신에게 주어진 여건에서 가능한 최선의 저축을 말한다. 저축액을 늘리기로 마음을 먹었지만 몇 달 만에 그만 두었다면, 지난 달보다 지출을 줄이기로 결심했는데 그렇게 하지 못했다면 역시 그만큼 간절하지 못하다는 증거이다. 물론 살다 보면 충분히 저축하지 못하거나 지난 달보다 적게 저축할 수밖에 없는 어려운 사정도 생기게 마련이다. 하지만 간절함이 없다면 사정이 해결된 후에도 바뀌는 것은 없다. 간절함은 당신을 행동하게 만든다. 그리고 좀 더 저축하게 만든다. 간절함이란 돈에 대한 욕심과는 다르다. 돈에 대한 욕심과 집착은 오히려 삶을 힘들게 하며, 지나친 욕심은 내 것을 모으는 데 그치지 않고 남의 것을 탐하게 만든다.

복리로 투자하라

아인슈타인은 '복리는 우주에서 가장 강력한 에너지이자 인류 최고의 발명품'이라고 말했다. 만일 사람들을 부자로 만드는 마법의 지팡이가 존재한다면 그것은 아마 '복리 투자'일 것이다. '복리'의 상대적인 개념이 '단리'인데, 이자를 계산하는 방식에서 차이가 있다. 복리는 최초 원금에 대한 이자는 물론 이자에 대한 이자까지 계산하는 방식이고(이자를 원금에 더하여 다시 원금으로 간주한다.), 단리는 최초 원금에 대한 이자만 계산하는 방식이다.

만약 1억 원을 이자율 연 10%의 복리식 금융 상품에 2년간 투자한 경우에는 다음과 같은 결과를 얻는다.
- 1년 후 이자 : 1억 원 × 10% = 1,000만 원
- 2년 후 이자 : (1억 원 + 1,000만 원) × 10% = 1,100만 원
- 투자 결과 : 1억 원 + 1,000만 원 + 1,100만 원 = 1억 2,100만 원

1억 원을 이자율 연 10%의 단리식 금융 상품에 2년간 투자한 경우는 조금 다르다.
- 1년 후 이자 : 1억 원 × 10% = 1,000만 원
- 2년 후 이자 : 1억 원 × 10% = 1,000만 원
- 투자 결과 : 1억 원 + 1,000만 원 + 1,000만 원 = 1억 2,000만 원

복리는 통상 연복리를 말하지만, 계산 주기에 따라 연복리, 6개월 복리, 월복리 등으로 나뉘기도 한다. 위의 계산 사례를 보면 복리 방식이나 단리 방식이나 결과에 큰 차이가 없다고 느낄 수도 있다. 하지만 절대로 그렇지 않다. 복리와 관련하여 가장 많은 사람이 알고 있는 일화가 있다.

1626년 미국의 초기 이민자들은 인디언들에게 24달러어치의 장신구와 구슬을 주고 뉴욕 맨해튼을 통째로 사버렸다. 월가로 상징되는 맨해튼이 세계 금융시장의 중심이 되어버린 이후 사람들은 당시 인디언들의 어리석음을 비웃었지만 유명한 펀드매니저 피터 린치는 이에 동의하지 않았다. 그는 만약 인디언들이 받은 물건을 돈으로 바꿔 연 8%의 채권에 복리로 투자했다면, 363년이 지난 1989년에는 약 32조 달러가 됐을 것이라고 말했다.

1989년 당시 맨해튼 전체의 땅값은 시가로 따져도 1천억 달러 미만이었다고 하니까, 32조 달러가 얼마나 많은 돈인지 짐작할 수 있다. 이러한 이유를 들어 사람들은 '복리의 마법'이라는 표현을 쓴다. 만약 24달러를 363년 동안 연 8%의 단리로 투자했다면 얼마가 됐을까? 결과는 더욱 놀랍다. 고작 721달러에 불과하다.

혹시라도 363년이라는 시간이 뜬구름처럼 들린다면, 지금부터 내가 제안하는 거래에 대해 생각해 보기 바란다. 내가 당신에게 1억 원을 빌려주겠다. 상환 조건은 다음 달에 1,000원만 갚고, 이후 매월 전월 대비 5%씩 인상된 금액을 20년 동안 갚으면 된다. 그러니까 첫 달에는 1,000원, 둘째 달에는 1,050원, 셋째 달에는 1,103원, 넷째 달에는 1,158원 이런 식으로 20년간 즈금씩 돌려주면 된다는 뜻이다. 나와 거래 하겠는가? 아니면 좋아 보이는 기회를 놓치고 말겠는가?

만일 1억 원을 빌려서 매월 1,000원 정도만 갚으면 된다는 생각으로 이 거래에 동의한다면 당신은 평생 후회할 것이다. 왜냐하면 나에게 20년간 총 24억 원 이상을 지불해야 하기 때문이다. 당신의 입장에서는 1억 원을 빌려 23억 원의 이자를 지불하는 것이고, 나의 입장에서는 1억 원을 투자하여 23억 원의 수익을 얻는 셈이다. 이는 월복리 5%의 수익률로 매월 1,000원을 투자하는 꼴인데, 이렇게 하면 20년 후에는 24억 원이 넘는 큰 돈이 된다.

은행에서 돈을 빌리기 어려운 사람들이 궁여지책으로 대부업체나 사채업자들로부터 고리의 빚을 얻어 쓰다가 파멸하는 것도 이런 이유 때문이다. 한번 연체를 하면 원금에 대한 이자는 물론 연체 이자에 대한 이자까지 복리로 늘어난다. 갚아야 할 돈이 순식간에 원금의 2배, 3배로 불어나게 되어 나중에는 갚고 싶어도 감당할 수가 없다. 이처럼 복리는 큰 힘을 가지고 있으며, 단 1%포인트의 차이도 복리 투자와 함께하면 위대한 일을 해낼 수 있다.

만약 1억 원을 연 4%의 세후 수익률로 매년 복리 투자를 한다면, 30년 후에는 약 3억 2,000만 원이 된다. 그리고 연 5%의 세후 수익률로 매년 복리 투자를 한다면 30년 후에는 약 4억 3,000만 원이 되며, 연 7%의 세후 수익률로 매년 복리 투자를 할 수 있다면 30년 후에는 약 7억 6,000만 원이 된다.

겨우 1%포인트의 수익률 차이가 30년 후에는 원금보다 많은 1억 1,000만 원의 차이를 가져 오고, 3%포인트의 수익률 차이는 30년 후 투자 원금의 4배가 넘는 4억 4,000만 원이라는 엄청난 차이를 만든다. 부자들은 이러한 차이를 경험적으로 잘 알고 있다.

● 1억 원을 거치식으로 투자하는 경우

투자 원금	세후 수익률 (연복리)	5년 후	10년 후	20년 후	30년 후
1억	4.00%	1억 2,166만	1억 4,802만	2억 1,911만	3억 2,434만
	5.00%	1억 2,762만	1억 6,288만	2억 6,533만	4억 3,219만
	7.00%	1억 4,025만	1억 9,671만	3억 8,696만	7억 6,122만
수익률 1%p의 차이		596만	1,486만	4,621만	1억 785만
수익률 3%p의 차이		1,859만	4,869만	1억 6,785만	4억 3,688만

● 매년 1,000만 원을 적립식으로 투자하는 경우

매년 적립금	세후 수익률 (연복리)	5년 후	10년 후	20년 후	30년 후
1,000만	4.00%	5,633만	1억 2,486만	3억 969만	5억 8,328만
	5.00%	5,801만	1억 3,206만	3억 4,719만	6억 9,760만
	7.00%	6,153만	1억 4,783만	4억 3,865만	10억 1,073만
수익률 1%p의 차이		168만	720만	3,750만	1억 1,432만
수익률 3%p의 차이		520만	2,297만	1억 2,896만	4억 2,745만

(단위 : 원)

* 세후 수익률이란 이자나 수익에 대해 부과되는 소득세, 금융상품을 거래할 때 지출되는 수수료 등 각종 투자 비용을 제외한 후 얻게 되는 최종 수익률을 말한다.

어느 날 아침 일찍 나는 업무차 모 은행의 강남구 일원동 지점에 갔다가 특이한 광경을 목격했다. 업무 시간 전이었는데, 은행 안에는 5~6명의 노인들이 앉아 있었다. PB팀장에게 물어보니, VIP고객들인데 선착순으로 판매되는 특판 정기예금에 가입하기 위해 기다리고 있다는 대답을 들었다.

일원동은 대체로 오래 거주한 노인 부자가 많이 산다. 그리고 은행을 오래 거래한 부자들은 원금 손실 가능성이 있는 주식형펀드 등에 가입하기보다는 매우 보수적인 투자를 하는 경향이 있다. 그래서 저금리 시대에도 정기예금이나 확정금리형 비과세 연금보험 등을 선호한다. 그때가 한참 추운 1월이었음에도 불구하고, 그 부자들은 1년에 한두 번 찾아오는 좋은 기회를 놓치지 않기 위해 아침 일찍부터 그 자리를 지키고 있었다. 겨우 1%포인트의 추가 이자를 더 받기 위해서 말이다.

많은 사람이 1%포인트의 차이를 하찮게 생각한다. 하지만 부자들은 이런 차이를 결코 무시하지 않는다. 100만 원에 대한 1% 이자는 겨우 1만 원에 불과하다. 그러나 작은 차이도 소중하게 생각하는 습관은 10억 원에 대한 1% 이자 1,000만 원을 추가로 벌게 한다. 그래서 그들은 부자가 되었고, 지금도 부자이다.

복리 투자의 중요성에 대해 알았다면 예금, 펀드 등 금융상품에 투자한 후에는 투자 결과에 대해 복리 수익률을 직접 계산해 보는 습관을 갖는 게 좋다. 그렇지 않으면 수익률 착시 현상을 겪게 된다.

예를 들어 펀드에 1억 원을 투자하여, 5년 후 1억 2,000만 원이 되었다고 가정해 보자. 수익률을 계산해 보면 원금 1억 원을 투자해서 2,000만 원의 수익을 얻었으므로 5년 동안의 누적 수익률은 20%이다. 이 정도의 수익률이라면 아주 만족할 만한 수준은 아니지만 괜찮아 보인다.

그런데 이를 복리 수익률로 계산해 보면 연 3.7%에 불과하다. 최근 은행의 1년 만기 정기예금의 이율에도 미치지 못하는 낮은 수익률이다. 쉽게 말해 원금 보장이 되는 정기예금에 가입하여 원금과 이자를 1년마다 반복해서 가입했더라면 오히려 더 좋은 수익을 얻었을 것이다. 물론 투자 기간 중의 금리 변동에 따라 결과는 달라질 수 있다. 하지만 내가 말하고 싶은 것은 펀드 투자 수익률이 실제보다 고평가될 수 있다는 점이다.

누적 수익률을 단순히 투자 기간으로 나누어 계산한 연평균 수익률도 마찬가지이다. 5년 동안의 누적 수익률이 20%이니까, 이를 5로 나누면 연평균 수익률이 4%라고 생각할 수 있지만 이 역시 합리적인 수익률 평가 방법이 되지 못한다. 왜냐하면 이는 단리로 계산된 수익률이기 때문이다. 투자 기간이 길어질수록 이런 착시 현상은 훨씬 더 뚜렷하게 나타난다.

아래의 표는 1억 원을 연 7%의 세후 수익률로 복리 투자했을 때 경과 기간별 누적 금액을 나타낸다. 분명히 연 7%의 복리 수익률로 계산된 것이지만 단리로 계산된 연평균 수익률은 이보다 훨씬 높아

보인다. 따라서 펀드 등에 투자하면서 단순한 평가 수익률을 확인해 보는 일도 중요하지만, 이처럼 복리 수익률을 계산해 보고 은행의 정기예금 이율과 비교해 보는 습관을 갖는 게 좋다. 그래야만 원금 손실 위험을 감수한 투자 결과에 대해 좀 더 합리적인 평가를 할 수 있다. 이는 금융상품뿐만 아니라 주식, 부동산 등 모든 투자 대상에 적용된다.

● 수익률 착시 현상

(단위 : 원)

투자원금	세후 수익률 (연복리)	5년 후	10년 후	20년 후	30년 후
1억	7.00%	1억 4,025만	1억 9,671만	3억 8,696만	7억 6,122만
누적 수익률(A)		40.25%	96.71%	286.96%	661.22%
연평균 수익률(A/年)		8.05%	9.67%	14.35%	22.04%

복리 수익률의 계산법은 다소 복잡하지만 엑셀 프로그램을 이용해 간단히 계산해 볼 수 있기 때문에 원리는 굳이 몰라도 상관 없다.

복리 수익률을 계산하기 위해서는 엑셀의 셀에 다음과 같이 입력한다.

= rate(투자年수,0, - 투자원금,투자결과)

예를 들어 목돈 1,000만 원을 펀드에 거치식으로 투자하여 3년 후 1,200만 원이 되었다면,

= rate(3,0, - 10000000,12000000)

라고 셀에 입력한다. 그러면 자동으로 계산되어 6.3%의 값이 산출된다. 이는 투자 원금이 3년 동안 연평균 6.3%의 복리 수익률로 투자되었음을 뜻한다. (만일 6.3%가 아닌 0 또는 0.06 등으로 보이면, 해당 셀을 선택한 상태에서 마우스의 오른쪽 버튼을 눌러 셀 서식을 선택한 다음, 표시 형식 탭에서 백분율 범주를 선택해 소수 자릿수를 조정한다.)

매월 적립식으로 투자하였다면 다음과 같이 입력한다.

= rate(투자月수, - 월적립금,0,투자결과,1)*12

예를 들어 매월 100만 원씩 적립식으로 펀드에 투자하여 3년(36月) 후 4,000만 원이 되었다면,

= rate(36, - 1000000,0,40000000,1)*12

라고 셀에 입력한다. 그러면 6.7%의 값이 산출된다. 이는 매월 투자

된 각각의 돈이 연평균 6.7%의 복리 수익률로 투자되었음을 뜻한다.

사실 투자 결과에 대한 수익률 평가는 생각만큼 단순하지는 않다. 앞에서 제시한 복리 수익률 계산법으로는 거치식 또는 매월 정기적으로 일정한 금액을 투자한 후 연간 단위로 수익률을 평가할 때에만 정확한 값을 얻을 수 있다. 따라서 펀드와 같은 실적배당형 금융상품에 투자하면서 투자 기간 중 투자 자금의 일부를 회수하거나 부정기적으로 일정치 않은 금액을 투자할 때, 또는 투자 기간이 연 단위로 끝나지 않을 때는 적용하기 어렵다. 이런 경우 전문가들은 '금액가중수익률'이나 '시간가중수익률'이라는 계산 방식을 사용한다. 하지만 개인 투자자의 입장에서 이런 수익률 계산 방식은 사용하기 어렵고, 사용한다 하더라도 투자 금액의 유출입이 잦은 경우에는 계산 자체도 복잡하다.

따라서 내가 제시한 복리 수익률 계산법을 보완적인 방법으로 사용한다면 투자 결과를 평가하는 데 도움이 될 것이다. 예를 들어 거치식으로 1년 6개월간 투자했다면 투자 연수를 1.5년으로 간주하거나, 적립식으로 부정기적인 투자를 했다면 1년 동안 투자한 돈의 총액을 12로 나눈 금액을 매월 투자한 것처럼 간주하여 계산하면 대략적인 연 복리 수익률을 계산할 수 있다.

이때 주의할 것은 적립식으로 투자할 때의 수익률을 거치식처럼 계산하면 투자 결과를 제대로 평가할 수 없다는 점이다. 사례에서 총

3,600만 원(= 100만 원×36개월)을 투자하여 400만 원의 수익을 얻었으니까 누적 수익률은 11.1%(= 400만 원÷3,600만 원)이고, 단순히 계산된 연평균 수익률은 3.7%(= 11.1%÷3년)이다. 3년간 열심히 투자한 것치고는 매우 실망스럽다고 느낄 것이다. 하지만 이렇게 계산된 수익률은 3,600만 원을 한꺼번에 거치식으로 투자한 경우의 수익률이기 때문에 매월 적립식으로 투자한 때에는 적절한 평가 방법이 될 수 없다. 은행에서 적금에 가입하고, 만기 이자는 예금의 이자와 비교하는 꼴이기 때문이다. 만일 3년 만기 정기적금에 가입하여 이와 동일한 투자 결과를 얻으려면 세후 이율이 연 7.2%인 적금에 가입해야 한다. 적지 않은 수익률임을 알 수 있다.

TIP 예금과 적금의 이자 차이

연 5%의 정기예금에 1,000만 원을 넣어두면, 1년 뒤 50만 원의 이자가 생기지만 같은 이율의 정기적금에 매월 83만 3,000원씩 1년간 납입(83만 3,000원×12개월=약 1,000만 원)하면, 절반 정도인 27만 원의 이자가 생긴다. 왜냐하면 첫 달의 불입금에 대해서는 연 5%의 이자를 모두 받지만 다음 달의 불입금에 대해서는 11개월 치의 이자만 받고, 마지막 달의 불입금에 대해서는 1개월 치의 이자만 받는 등 각각의 돈은 운용된 기간이 서로 다르기 때문이다.

참고로 정기적금의 만기 이자액 계산은 다음의 수식으로 간단히 구해볼 수 있다.

만기 이자(세전) = 월 불입금×(이율÷12) ×[만기월수×(만기월수+1)÷2]

예를 들어 연이율 5%인 1년 만기 정기적금에 매월 100만 원씩 불입한다면 만기 이자는, 100만 원×(0.05÷12)×[12×(12+1) ÷ 2] = 32만 5천 원이 된다.

이외에도 간단하게 활용할 수 있는 복리 계산법이 있다. '72법칙'이라고 불리는 이 계산법은 다음의 공식으로 요약된다.

$$\text{투자 원금이 2배로 늘어나는 데 필요한 기간(年)} = 72 \div \text{연복리 수익률}$$

예를 들어 1,000만 원을 연 4%의 복리 수익률로 투자해 원금의 2배인 2,000만 원을 만들기 위해서는 18년(= 72÷4) 이 걸린다. 만일 7.2%의 복리 수익률로 투자할 수 있다면, 이보다 훨씬 빠른 10년(= 72÷7.2) 후에 2,000만 원이 된다. 이 공식은 다음과 같이 바꾸어 활용할 수도 있다.

$$\text{투자 원금이 2배로 늘어나는 데 필요한 연복리 수익률} = 72 \div \text{기간(年)}$$

예를 들어 1,000만 원을 5년 후에 2,000만 원으로 만들고 싶다면, 연 14.4%(= 72÷5)의 복리 수익률로 투자해야 한다. 단순한 공식이지만 투자 계획을 수립하거나 투자 결과를 예상해 보는 데 도움이 된다.

그런데 72법칙은 목돈을 거치식으로 투자하는 경우에만 적용된다. 매월 적립식으로 투자하는 경우에는 적용할 수 없다.

사람들은 복리 투자를 하라고 하면, 복리식 금융상품에 투자하라는 것으로 이해한다. 하지만 복리 투자는 투자 행위 자체로 이해해야 한다.

예를 들어 1년 만기 정기예금에 투자했는데, 1년 후 발생된 이자를 원금과 함께 다시 1년 만기 정기예금에 투자한다면 이러한 행위가 바로 복리 투자이다. 반면에 이자는 지출하고 원금만 다시 투자하거나, 원금의 절반을 지출하고 나머지 돈만 다시 정기예금에 투자한다면 이것은 복리 투자가 아니다. 즉 투자 원금에서 발생된 수익을 다시 원금과 함께 반복(또는 계속)해서 투자하는 행위가 복리 투자이고, 이는 예금은 물론 주식, 펀드, 부동산 등 모든 투자 대상에 적용된다. 펀드에 투자한 후 원금과 수익을 전부 부동산에 투자하거나 절반의 돈은 계속 펀드에 두고, 나머지 돈은 부동산에 투자한다면 이러한 행위도 복리 투자이다. 단지 투자 대상이 바뀌거나 분산된 것뿐이다. 그뿐만 아니라 이렇게 모은 돈을 전부 투자하여 사업을 시작했다면 이 또한 넓은 의미의 복리 투자로 볼 수 있다.

흔히 말하는 복리의 마법은 복리식 금융상품이 부리는 게 아니다. 지속적인 복리 투자 행위가 마법을 부리는 것이다. 투자는 누가 하는가? 사람이 한다. 따라서 당신도 마법의 지팡이를 쥐고 있다. 복리의 마법을 부릴지 말지는 마법사인 당신이 결정해야 한다.

TIP 물가상승률도 복리 개념이다

예를 들어 라면 값 상승률이 연 4%인 경우 올해 1,000원짜리 라면이 내년에는 1,040원이 될 것이고, 그 다음 해에는 1,082원이 될 것이다. 이것을 뒤집어 보면 시간이 가면서 돈의 가치도 복리로 줄어든다는 뜻이다.

● 물가의 변화

현재 물가	물가상승률 (연%)	5년 후	10년 후	20년 후	30년 후
1,000원	3.00%	1,159원	1,344원	1,806원	2,427원
	4.00%	1,217원	1,480원	2,191원	3,243원
	5.00%	1,276원	1,629원	2,653원	4,322원

● 돈의 가치 변화

현재 가치	물가상승률 (연%)	5년 후	10년 후	20년 후	30년 후
1억 원	3.00%	8,626만	7,440만	5,536만	4,119만
	4.00%	8,219만	6,755만	4,563만	3,083만
	5.00%	7,835만	6,139만	3,768만	2,313만

오늘은 1,000원으로 라면을 살 수 있지만 내년에는 돈의 가치가 줄어들어 같은 돈으로 라면을 살 수 없게 된다. 현재 2억 원에 매매되는 아파트를 3년 후에 사겠다고 생각한다면 주택 자금 마련 목표를 2억 원으로 해서는 3년 후에 아파트를 살 수 없다. 그 사이 아파트 값이 오를 가능성이 크기 때문이다. 따라서 장기간 투자 계획을 수립

할 때는 수익률과 함께 물가상승률도 고려해야 한다. 이러한 이유 때문에 저금리 시대에는 수익률이 낮은 예금이나 적금에만 투자하면 손해라는 말이 나온다. 투자 수익률을 물가상승률 이상으로 유지하지 못하면 앉아서 돈을 까먹는 꼴이 되기 때문이다. 물가의 변화와 돈 가치의 변화도 앞서 설명한 72법칙으로 예상이 가능하다.

물가가 2배로 상승하는 데 필요한 기간(年) = 72 ÷ 연간물가상승률

돈의 가치가 절반으로 하락하는 데 필요한 기간(年) = 72 ÷ 연간물가상승률

예를 들어 물가상승률을 연 4%로 가정하면 18년(=72÷4)후에는 물가가 지금의 2배 수준이 될 것이고, 돈은 현재를 기준으로 절반의 가치가 된다.

시간을 들이고 또 들여라

이제 시간에 대해 생각해 볼 차례다. 이와 관련해서는 다음과 같이 요약할 수 있다.

> "시간이 없다면 복리의 마법도 없다."

부의 방정식에서 시간에 제곱을 한 이유는 부富를 형성하는 데, 그만큼 시간이 매우 중요하기 때문이다. 여기서 말하는 시간이란 기다림으로 해석될 수도 있다.

사람들은 서두른다. 서두른다고 돈이 더 벌리지도, 빨리 늘어나지

도 않는데 말이다. 심지어는 펀드 투자도 주식 단타 매매 하듯이 한다. 투자하기 전에 신중히 선택하고, 투자한 후에는 충분한 시간을 기다려야 하지만 1년에도 몇 번씩 이 펀드, 저 펀드를 옮겨 다닌다.

미국의 유명한 펀드매니저 피터 린치는 13년간 마젤란 펀드를 운용하면서 누적 수익률 2,700%라는 높은 수익률을 기록했다. 복리로 환산하면 연 28.9%에 이르는 놀라운 수익률이다. 하지만 이 펀드에 투자했던 사람들의 절반은 손해를 봤다. 한창 펀드의 수익률이 좋을 때 투자를 시작했다가 수익률이 떨어지자 돈을 회수했기 때문이다. 샴페인은 파티에 참석했던 모든 사람들이 아닌, 펀드매니저를 믿고 충분히 기다렸던 사람들에게만 나누어졌다.

여의도 한강 둔치에서는 해마다 불꽃놀이를 한다. 그 불꽃을 구경하기 위해 정말 많은 사람이 모이고, 좋은 자리를 잡기 위해 몇 시간을 기다린다. 그리고 불꽃놀이가 시작되면 여기저기서 탄성이 터진다. 사람들은 자신이 마치 불꽃 마법의 주인공이 된 듯한 착각을 하며, 잠시나마 지금까지 쌓인 스트레스와 고민을 잊는다. 하지만 그 순간이 지나면 그것으로 끝이다. 화약 냄새와 쓰레기, 그리고 집에 돌아가는 일만 남는다.

복리의 마법은 불꽃의 마법처럼 화려하진 않다. 그리고 몇 시간만 기다리면 좋은 자리에서 볼 수 있는 그런 쇼도 아니다. 믿음을 갖고 오랜 세월을 기다린 사람들만이 볼 수 있는 인내의 마법이다. 하지만 마법이 시작되면 불꽃의 마법처럼 쉽게 끝나지 않는다. 심지어 다음

세대까지 이어지기도 한다.

자수성가한 부자들은 가난한 시절 부자가 되기를 간절히 원했고, 그래서 악착같이 저축하고 투자했다. 오랜 세월을 그렇게 보냈다. 결국 그들은 의도했든 그렇지 않든 복리의 마법을 경험할 수 있었다.

부자가 되기 위해서는 10년, 20년 이상의 시간이 필요하다고 말하면, 사람들은 모두 너무 길다고 생각한다. 하지만 시각을 조금 바꿔보면 꼭 그렇지도 않다는 사실을 알게 된다.

나는 가끔 내가 30대 중반을 넘었다는 사실이 믿기지 않을 때가 있다. 아버지의 품에 앉아 TV를 보던 어린 시절의 기억, 대학에 입학하여 첫 강의를 듣던 날, 세상의 모든 일을 해낼 수 있을 것만 같던 군대 전역하던 날, 아내가 임신을 했다고 기쁘게 전화하던 순간 등. 이러한 모든 일들이 마치 어제의 일만 같은데 벌써 내가 마흔을 바라보는 나이가 되었다니….

지난 삶을 돌이켜 보면 시간은 정말 빨리 지나갔다. 앞으로 10년, 20년 후에도 나는 똑같은 생각을 하고 있을 것이다.

길게 느끼든, 짧게 느끼든 시간은 반드시 흐른다. 시간은 누구에게나 공평하게 주어지지만 우리들 중 누군가는 언젠가 부자가 될 것이고, 반면에 누군가는 늙어서도 가난할 것이다.

나는 이게 운명의 문제이기보다는 선택의 문제라고 생각한다. 왜냐하면 저축만 열심히 해도 최소한 가난하게 살지는 않을 것이고, 지금보다 좀 더 저축하기 위한 노력은 누구나 할 수 있다고 믿기 때문이다. 이러한 노력을 지속하면 자연스럽게 자신의 돈을 잘 투자하기 위해 고민하고 공부하게 된다. 그리고 학습한대로 실행하게 된다. 나머지는 시간이 해결한다. 지금 당장 서둘러서 해야 할 일은 이러한 노력을 빨리 시작하는 것뿐이다.

지금까지 '부富의 방정식'을 풀어 보았다. 간단히 정리하면 다음과 같다.

> "부자가 되려면 간절한 마음으로
> 복리 투자를
> 지속해야 한다."

만일 당신이 매년 1,000만 원씩 저축하여 그 돈을 지출하지 않고, 연 7%의 세후 수익률로 복리 투자를 지속한다면, 20년 후에는 4억 4,000만 원, 30년 후에는 10억 원 이상의 돈(또는 재산)을 갖게 될 것이다. 물론 그 이상의 수익률로 투자할 수 있다면 훨씬 더 많은 돈을 갖게 될 수도 있다. 또한 첫 해에는 1,000만 원을 저축하고, 그 다음 해부터 전년 대비 5%씩 저축액을 늘려 나간다면, 20년 후에는 6억 5,000만 원, 30년 후에는 18억 원에 가까운 돈을 갖게 될 것이다.

연간 저축액	저축액 증액률 (전년대비)	세후 수익률 (연복리)	10년 후	20년 후	30년 후
1,000만	0.00%	7.00%	1억 4,783만	4억 3,865만	10억 1,073만
	5.00%		1억 8,096만	6억 5,076만	17억 6,031만

"간절함"　　"복리 투자"　　"시간^2"

'매년 얼마의 돈을 저축할 수 있는가?', '매년 저축액을 늘릴 수 있는가?'에 대한 답은 당신이 얼마나 간절하게 부자가 되기를 원하느냐에 따라 결정된다.

간절함이 없다면 충분한 돈을 저축하지 못할 것이고, 간절함이 없다면 적절한 투자 방법을 찾지 못할 것이며, 간절함이 없다면 기다리지도 못할 것이다. 그렇다고 연간 1,000만 원 이상을 저축하면 간절한 것이고, 500만 원을 저축하면 그렇지 않다는 말이 아니다. 당신에게 주어진 여건에서 최선의 답을 찾아야 한다. 그리고 어떤 답이 최선인지는 당신만이 가장 정확하게 찾아낼 수 있다.

부富의 목표는 계산해 둔다

부자가 되려면 분명한 목표가 있어야 한다. 이런 말을 하면 많은 사람이 절약하고 저축하라는 말만큼이나 뻔한 소리라고 생각한다. 하지만 나는 이런 뻔한 말 속에 진리가 있다고 믿는다.

앞에서 나는 당신에게 두 가지 질문을 하였다.

- 당신은 얼마의 돈이 있어야 부자라고 생각하는가?
- 당신도 언젠가는 그 기준에 맞는 부자가 될 수 있다고 생각하는가?

첫 번째 질문은 목표에 관한 것이고, 두 번째 질문은 실현가능성에 관한 것이다. 부富에 대한 목표는 자신의 입장에서 현실적이어야 한다. 실현가능성이 없거나 희박하다면 그것은 목표가 아니다.

많은 사람이 꿈과 목표를 혼동한다. 만일 당신이 빌 게이츠처럼 세계 최고의 갑부가 되기를 원한다면 그것은 당신에게 꿈이 될 수 있다. 그리고 이러한 꿈이 간절하다면 당신으로 하여금 어떤 긍정적인 행동을 하도록 만들 것이다.

하지만 이것이 현실적인 목표가 될 수는 없다. 목표는 계산된 결과 실현가능성이 충분히 있어야 한다. 예를 들어 당신이 현재의 수입과 지출을 분석한 결과 연간 최대 저축할 수 있는 돈이 1,000만 원이므로 향후 3년 동안 3,000만 원 이상의 종잣돈을 만들겠다는 결정을 했다면 이것은 목표이다. 또는 과거의 수익률을 분석한 결과 연평균 10%의 복리 수익률이 기대되는 주식형펀드에 매월 100만 원씩 투자하여 3년 후 4,000만 원 이상의 목돈을 마련하겠다고 결정했다면 이것 역시 목표가 될 수 있다. 이처럼 계산된 목표를 수립하여 하나둘씩 달성해 나갈 때 꿈에도 한 발짝 더 다가갈 수 있다. 꿈은 크게 가지되 목표는 현실적이어야 한다.

'계산된 부富의 목표'는 1억 원일 수도, 100억 원일 수도 있다. 사람들은 모두 다른 환경, 다른 여건 속에서 살기 때문에 절대적 기준이란 있을 수 없다. 따라서 자신의 목표는 스스로 결정하면 되고, 남들과는 굳이 비교할 필요도 없다. 여기 당신이 '계산된 부富의 목표'를 결정하는 데 도움이 될만한 한 가지 방법을 소개하겠다.

우선 당신의 현재 재산 상태를 파악하여 자산(재산)과 부채(빚)가 총 얼마인지 아래의 〈1〉에 적는다. 금융자산, 부동산 등 종류는 구분하지 않는다. 그리고 부채를 제외한 순자산 금액을 계산한다.

〈1〉

자산 · 부채 현황표			
자산 :	300,000,000 원	부채 :	100,000,000 원
순자산(= 자산 − 부채)		200,000,000 원	

〈1〉에서 계산된 순자산 금액에 아래 〈2〉의 각 칸에 표시된 계수들을 곱하여 적는다.

〈2〉의 각 칸에 계산된 값은 〈1〉에서 계산된 순자산의 가치가 연 4% 또는 연 7%의 복리 수익률로 매년 증가한다고 가정했을 때 경과 기간별 예상되는 금액이다.

〈2〉

세후 수익률 (연복리)	10년 후	20년 후	30년 후
4%	×1.48 = 원	×2.19 = 원	×3.24 = 원
7%	×1.97 = 원	×3.87 = 774,000,000 원	×7.61 = 원

현재 순자산 금액이 2억 원이고, 연 7%의 복리 수익률로 매년 가치가 증가한다면, 20년 후에는 약 7억 7,400만 원이 될 것이다.

다음은 당신의 평균적인 수입 금액과 지출 금액을 파악하여 〈3〉에 적는다. 그리고 매월 저축 가능한 금액과 매년 저축 가능한 금액을 계산한다.

〈3〉

수입 · 지출 현황표			
월수입 :	3,000,000 원	월지출 :	2,000,000 원
월저축가능액 (월수입 – 월지출)		1,000,000 원	
연저축가능액 (월저축가능액×12)		12,000,000 원	

〈3〉에서 계산된 연저축가능액에 아래 〈4〉의 각 칸에 표시된 계수들을 곱하여 적는다.

〈4〉의 각 칸에 계산된 값은 〈3〉에서 계산된 연저축가능액을 매년 동일하게 연 4% 또는 연 7%의 복리 수익률로 매년 투자한다고 가정했을 때 경과 기간별 예상되는 금액이다.

⟨4⟩

세후 수익률 (연복리)	10년 후		20년 후		30년 후	
4%	×12.49 =	원	×30.97 =	원	×58.33 =	원
7%	×14.78 =	원	×43.37 = 526,440,000 원		×101.07 =	원

⟨2⟩와 ⟨4⟩의 결과값을 더해 보면 미래에 당신이 갖고 있을 돈(또는 재산)의 규모를 대략적으로 예상해 볼 수 있다.

연저축가능액은 1,200만 원이며, 매년 같은 금액을 저축하여 연 7%의 복리 수익률로 계속 투자한다면, 20년 후에는 약 5억 2,600만 원이 될 것이다. 따라서 20년 후 갖게 될 돈(또는 재산)의 규모는 대략 13억 원(= 7억 7,400만 원 + 5억 2,600만 원)이다.

물론 20년 후의 결과는 위의 계산 값과 정확하게 일치하기는 어렵다. 왜냐하면 사례에서 가정한 수익률과 저축액은 매년 달라질 수 있고, 이외에도 다양한 문제에 의해 영향을 받기 때문이다. 그럼에도 불구하고 이와 같은 대략적 예측 방법은 매우 유용하다.

사례의 주인공이 당신이라고 가정해 보자. 앞서 계산대로 현재의 저축 수준과 연평균 7%의 복리 수익률을 지속적으로 유지할 수 있다면, 20년 후에는 약 13억 원을 갖게 된다. 따라서 당신은 20년 후 최소한 13억 원의 돈을 소유하겠다는 부(富)의 목표를 세워볼 수 있다. 5

년 후 또는 10년 후 부富의 목표를 결정하고 싶다면 역시 같은 방식으로 계산해 볼 수 있다.

만약 당신이 20년 후 13억 원보다 많은 돈을 소유하고 싶다면 다음 문제들 중 하나 또는 둘 모두를 해결할 수 있어야 한다.

- 지금보다 더 많은 돈을 저축해서 복리 투자를 한다.
- 연 7% 이상의 수익률로 복리 투자를 한다.

당신이 지금보다 더 많은 돈을 저축하기로 결정했다면, 수입을 늘리거나 지출을 줄일 수 있는 방법을 찾아야만 한다. 만일 당신이 좀 더 높은 수익률로 투자하기로 결정했다면, 주식(펀드)의 투자 비중을 늘리거나 고수익이 기대되는 다른 투자 대상을 찾아서 투자해야 한다. 이처럼 '계산된 부富의 목표'는 당신에게 유익한 문제를 제기한다. 그리고 이 문제를 풀어가는 과정에서 당신은 돈에 관한 고민과 공부를 지속하게 되며, 조금씩 꿈에 다가설 수 있다.

우리 가족이 미래에 갖게 될 돈(재산)의 규모 예상해보기

〈1〉

자산 · 부채 현황표	
자산 : 원	부채 : 원
순자산(= 자산 – 부채) 원	

〈2〉

세후 수익률 (연복리)	10년 후	20년 후	30년 후
4%	×1.48 = 원	×2.19 = 원	×3.24 = 원
7%	×1.97 = 원	×3.87 = 원	×7.61 = 원

〈3〉

수입・지출 현황표	
월수입 : 원	월지출 : 원
월저축가능액 (월수입 – 월지출)	원
연저축가능액 (월저축가능액×12)	원

〈4〉

세후 수익률 (연복리)	10년 후		20년 후		30년 후	
4%	×12.49 =	원	×30.97 =	원	×58.33 =	원
7%	×14.78 =	원	×43.87 =	원	×101.07 =	원

TIP 알면 유익한 환산 계수

● 투자수익률에 따른 미래가치 환산 계수

세후 수익률 (연복리)	투자방법	미래가치	5년 후	10년 후	20년 후	30년 후
4.0%	거치식	최초금액 ×	1.21	1.48	2.19	3.24
	적립식(정액)	첫해적립금 ×	5.63	12.49	30.97	58.33
	적립식(증액,연5%)	첫해적립금 ×	6.20	15.46	48.07	112.17
5.0%	거치식	최초금액 ×	1.27	1.63	2.65	4.32
	적립식(정액)	첫해적립금 ×	5.80	13.21	34.72	69.76
	적립식(증액,연5%)	첫해적립금 ×	6.38	16.29	53.07	129.66
7.0%	거치식	최초금액 ×	1.40	1.97	3.87	7.61
	적립식(정액)	첫해적립금 ×	6.15	14.78	43.87	101.07
	적립식(증액,연5%)	첫해적립금 ×	6.76	18.10	65.08	176.03
10.0%	거치식	최초금액 ×	1.61	2.59	6.73	17.45
	적립식(정액)	첫해적립금 ×	6.72	17.53	63.00	180.94
	적립식(증액,연5%)	첫해적립금 ×	7.35	21.23	89.63	288.80

● 물가상승률에 따른 미래가치 환산 계수

물가 상승률 (연%)	물가와 돈의 가치	미래가치	5년 후	10년 후	20년 후	30년 후
3.0%	물가	최초금액 ×	1.16	1.34	1.81	2.43
	돈의 가치	최초금액 ×	0.86	0.74	0.55	0.41
4.0%	물가	최초금액 ×	1.22	1.48	2.19	3.24
	돈의 가치	최초금액 ×	0.82	0.68	0.46	0.31
5.0%	물가	최초금액 ×	1.28	1.63	2.65	4.32
	돈의 가치	최초금액 ×	0.78	0.61	0.38	0.23

돈 관리의 정석

돈을 관리한다는 것은

돈 관리의 가장 중요한 목적은 최대한 저축하여 많은 돈을 모으는 것이며, 최종 목적은 부자가 되는 것이다. 부자가 되려면 충분히 저축하고, 저축한 돈을 지속적으로 좋은 자산에 투자해야 한다. 물론 이렇게 한다고 해서 누구나 다 부자가 된다고 말할 수는 없다. 하지만 분명한 사실은 이런 습관 없이 부자가 되기는 어렵다.

지금보다 좀 더 많은 돈을 저축하기 위해서는 현재의 지출 수준을 유지하면서 수입을 늘리거나, 수입을 늘리지 못한다면 지출을 줄이는 방법밖에 없다. 수입은 내 뜻대로 늘리는 게 쉽지만은 않으므로 우선 지출을 줄이는 게 접근하기 쉬운 방법이다. 어떤 사람들은 지금보다 더 줄이는 것은 어렵다고 말한다. 하지만 특수한 상황이 아니라면, 나는 사람들이 충분히 저축하지 못하는 이유는 자신의 수입 중 도대체 얼마를 어디에 지출하고, 매월 얼마를 남기는지 잘 모르고 살기 때문이라고 생각한다. 따라서 이를 해결하면 지금보다 좀 더 저축할 수 있게 된다.

어린아이를 둔 부모라면 내 아이가 요즘 학교에서 무엇을 배우는지, 친구들과는 친하게 지내는지 항상 궁금해 한다. 그리고 아이들을 대상으로 한 파렴치한 범죄 소식을 접할 때면 내 아이에 대한 사랑과 관심은 더욱 깊어진다. 나는 땀 흘려 벌어들이는 돈에게도 내 아이에게 주는 것만큼이나 많은 관심을 줘야 한다고 생각한다. 왜냐하면 돈은 나와 내 가족의 삶을 유지하고, 미래의 꿈을 이루기 위해 반드시 필요한 소중한 존재라고 믿기 때문이다.

따라서 나는 돈을 어떤 목적으로 얼마만큼 지출했는지, 불필요하게 많은 지출을 하지는 않았는지, 미래를 위해서는 얼마를 투자했는지 등에 대해 많은 관심을 갖고 관찰한다. 그렇다고 내가 매일 가계부를 쓴다거나 매번 영수증을 챙기면서 계산기를 두드리지는 않는다. 오히려 그 반대이다. 가계부를 전혀 쓰지 않으며, 영수증을 받을 때마다 금액만 확인하고는 모두 찢어 버린다. 나도 다른 사람들과 마찬가지로 바쁘고 치열하게 살고 있다. 온 신경을 돈에 쏟으며 그것이 인생의 전부인 양 매달려서 살 수는 없는 노릇이다. 돈에 매달리기 시작하면 돈은 나를 구속하려 하며, 내 인생의 주인이 내가 아닌 돈으로 바뀌게 된다.

대신 나는 돈 관리 시스템을 갖추고 있다. 이 시스템은 내가 매월 얼마를 벌어서, 얼마를 지출했으며, 최종적으로 얼마를 남겼는지 정확히 알려 준다. 그리고 지난 달보다 저축을 적게 했다면 그 이유도 쉽게 파악할 수 있도록 해 준다. 나는 이 시스템을 통해 철저하게 돈의 출입을 통제한다. 그럼에도 불구하고 돈 관리를 위해 소비하는 시간은 매월 한두 시간 정도에 불과하다. 왜냐하면 일일이 신경을 쓰지 않아도 시스템은 일사불란하게 돌아가기 때문이다.

사람들은 누구나 자신만의 방법으로 돈을 관리한다. 아무것도 하지 않는다면 이 또한 한가지 방법일 수 있다. 나의 방법은 좋은 것이고, 남의 것은 그렇지 않다고 말할 수는 없다. 충분히 저축할 수 있고, 그 결과 좋은 자산이 늘어나고 있다면 그것으로 족하다.

하지만 지금의 방법에 의해 돈을 관리하면서 그 결과에 대해 스스로 만족하지 못한다면 방법을 바꿔볼 필요가 있다. 방법은 바꾸지 않은 채 결과만 바뀌기를 바라는 것은 욕심이다. 만약 당신이 이와 같은 문제로 고민하고 있다면 제3장에서 내가 제안하는 돈 관리 시스템을 활용해 보기 바란다. 이 시스템은 단순하기 때문에 지금부터 설명하게 될 돈 관리에 관한 간단한 원칙과 몇 가지 금융상품에 대해서만 이해한다면 누구나 쉽게 만들어 활용할 수 있다.

저축하고 대비한 후 투자하라

장기를 둘 때 고수라도 첫 수부터 공격을 하지는 않는다. 우선 방어 태세를 갖추고 길을 만든 후 공격할 준비가 되면 이때부터 본격적인 공격에 나선다. 돈을 관리할 때도 비슷한 원리를 적용할 수 있다. 투자를 공격에 비유한다면 자기 진영을 정비한 후에 투자하는 게 정석이다. 처음부터 공격을 하겠다고 졸병부터 튀어나가면 패할 확률만 높아진다.

효과적으로 돈을 관리하기 위해서는 다음의 3가지 원칙을 단계별로 실행해야 한다.

① 지출을 통제하라(지출 관리)
② 예비자금을 보유하라(예비자금 관리)
③ 장기간 투자하라(투자 관리)

나는 이 원칙을 '3단계 돈 관리법' 이라고 부른다.

'지출을 통제하라'는 말은 필수적인 지출과 그렇지 않은 것을 구분하여 낭비 요인을 제거하라는 뜻이다. 무조건 아끼고, 돈을 쓰지 말라는게 아니라 매월 일정한 돈으로 살아가는 습관을 가지라는 데에 가깝다. 이렇게 하면 충분히 저축하는 데 많은 도움이 된다.

'예비자금을 보유하라'는 말은 예상치 못한 일로 평소보다 많은 돈을 지출해야 하는 경우가 생길 것에 대비해 일종의 비상자금을 확보하라는 뜻이다. 예비자금 없이 투자를 하다가 뜻하지 않게 많은 돈을 지출해야 하는 일이 생기면 투자 계획에 차질이 생길 것은 뻔하다.

'장기간 투자하라'는 말은 복리 투자를 지속하라는 뜻이다. 돈 관리의 최종 목적은 부자가 되는 것이며, 부자가 되려면 복리 투자를 지속해야 한다는 사실은 앞에서 계속 강조했다. 따라서 지출을 통제하고, 예비자금을 보유하는 일도 결국은 부자가 되기 위해 장기간 투자하라는 마지막 단계를 성공적으로 실행하기 위한 준비 과정이다.

3단계 돈 관리법을 좀 더 단순하게 표현하면 '저축하고, 대비한 후, 투자하라!'는 세 마디로 요약할 수 있다. 이 간단한 원칙을 이해하고 실천하는 것만으로도 돈을 관리하는 데 많은 도움이 된다.

TIP 저축과 투자

흔히 원금 보장이 되는 은행의 예금·적금에 가입하면 '저축', 원금이 보장되지 않는 주식이나 펀드에 투자하면 '투자'라고 말한다. 이 책에서 '저축'이란 수입에서 지출을 제하고 돈을 남기는 행위를 뜻하며, 예금·적금, 주식, 펀드, 부동산 등 대상의 구분 없이 부(富)를 형성하기 위해 행하는 모든 투자 행위를 '투자'라고 정의한다.

3단계 돈 관리법

1단계. 지출을 통제하라 (지출 관리)

지출 관리의 목적은 충분히 저축하기 위해 계획적으로 돈을 지출하는 것이다. 계획적인 지출은 매월 일정한 금액 내에서 지출하는 습관을 갖게 해주며, 불필요한 지출 또는 필요 이상으로 많은 지출을 하는 행위를 통제하는 역할도 한다.

계획적인 지출을 하기 위해서는 매월 또는 매년 필수적으로 지출해야 하는 돈이 얼마인지 예측할 수 있어야 한다. 나의 상담 경험상 대부분의 직장인들에게 이는 어려운 문제가 아니다. 자영업자인 경우에도 사업 관련 지출 비용은 예측하기 어렵지만, 가정의 지출 비용을 예측하는 일은 어렵지 않다.

매월 지출하는 돈은 성격에 따라 공적 지출, 고정 지출, 변동 지출로 구분하고, 매년 1~2회 정도 지출하는 돈은 계절성 지출로 구분한다.

공적 지출은 소득세, 국민연금보험료, 건강보험료 등을 말한다. 직장인의 경우 급여를 받기 전 미리 차감되며, 정부에서 정한 비율로 수입에 비례하여 납부하기 때문에 매월 얼마를 지출해야 하는지 쉽게 예측할 수 있다. 자영업자인 경우에도 소득세를 제외한 국민연금보험료와 건강보험료 등의 지출액은 예측이 가능하다.

고정 지출은 대출 원리금, 아파트 관리비, 각종 공과금, 보장성 보험료 등을 말한다. 이는 매월(또는 정기적으로) 지정된 날짜에 계좌이체 방식으로(또는 지로 방식으로) 납부하게 되며, 비용의 변동폭이 크지 않기 때문에 매월 얼마를 지출해야 하는지 쉽게 예측할 수 있다.

변동 지출은 식비, 외식비, 피복비, 교통비, 여가비 등을 말한다. 이는 공적 지출과 고정 지출을 제외한 생활비용으로 매월 씀씀이에 따라 변동 폭은 커질 수 있다. 따라서 매월 얼마를 지출해야 하는지는 개인의 소비 성향 또는 생활 환경에 따라 쉽게 예측할 수 있거나 그렇지 않을 수 있으며, 이를 바꾸어 말하면 본인의 의지로 지출액을 어느 정도 조절할 수 있다는 뜻도 된다.

계절성 지출은 재산세, 자동차보험료, 명절비, 휴가비 등을 말한다. 이는 연 1~2회 정도 지출하게 되며, 얼마를 지출해야 하는지 쉽게 예측할 수 있다. 그뿐만 아니라 명절비, 휴가비 등은 본인의 의지로 조절도 가능하다.

이처럼 공적 지출, 고정 지출, 계절성 지출 금액을 계산해 보고, 평균적인 변동 지출 금액을 계산해 보면 매월 또는 매년 필수적으로 지출해야 하는 돈이 얼마인지 예측해 볼 수 있다. 일반적으로 개인의 지출 수준은 단기간에 큰 폭으로 변동되지는 않기 때문에 이러한 계산은 1년에 한두 번 정도 해 보는 것으로 충분하다.

● **지출의 구분**

공적 지출	소득세 등	소득세, 국민연금보험료, 건강보험료, 고용보험료 등
고정 지출	부채상환원리금	주택대출상환원리금, 자동차대출상환원리금, 신용대출상환원리금 등
	주택관련지출	주택관리비, 임차료(월세), 수도요금, 가스요금, 전기요금, 통신비(유선 전화, 인터넷) 등
	자녀관련지출	유치원비, 학원비 등
	보장성보험료	종신보험, 정기보험, 의료비보험 등
변동 지출	가족생활지출	식비, 외식비, 여가비, 피복비, 의료비, 자녀용돈, 휴대폰비, 차유류비, 대중교통비 등
	사회생활지출	식대, 용돈, 회식비, 경조사비 등
계절성 지출	재산세 등	재산세, 자동차세, 자동차보험료, 명절비, 휴가비 등

지출을 통제하기 위해서는 우선 조절 가능한 지출과 그렇지 않은 것을 구분해야 한다. 매월 급여를 받기도 전에 빠져나가는 소득세, 국민연금보험료 등 공적 지출은 조절할 수 있는 대상이 아니다. 또한 고정 지출에 해당하는 비용도 쉽게 조절할 수 없다. 결국 조절이 가능한 지출은 변동 지출에 해당하는 생활비용과 관련 있으며, 절약이

라는 말도 생활비를 아낀다는 뜻으로 쓰이지 건강보험료를 줄인다거나 자녀의 학원비를 안 낸다는 뜻으로 쓰이지는 않는다. 만약 변동 지출도 고정 지출처럼 큰 변동 없이 일정한 수준을 유지할 수 있다면 당연히 매월 일정한 돈으로 살아가는 습관을 가질 수 있다. 하지만 너무 많은 지출 수준을 일정하게 유지하는 것은 지출 관리의 목적인 '충분한 저축'을 생각했을 때 아무런 의미가 없다. 따라서 적정한 지출 수준을 일정하게 유지하는 게 중요하다.

지출을 통제한다는 것은 어찌 보면 자기 자신을 통제한다는 것과도 같다. 그런데 자기 자신을 통제하는 법을 다른 사람의 도움으로 학습하기는 어렵다. 이런 이유 때문에 나는 사람들에게 담배를 끊으면 매월 얼마를 절약할 수 있고, 테이크 아웃 커피 대신 자판기 커피를 마시면 얼마를 절약할 수 있다는 등의 말은 하지 않는다. 대신 일정한 금액을 정하고, 그 돈만으로 한 달을 살아볼 것을 권한다. 머리로 고민하기보다는 우선 행동으로 실험해 보는 것이다. MBC의 '만원의 행복'이라는 프로그램에서 연예인들이 1만 원으로 일주일을 살아보는 실험을 하고 있는데, 이런 방식은 매우 효과적인 자기 통제의 수단이 된다.

구체적인 실행 방법은 다음과 같다.
우선 직전 3개월간의 변동 지출 내역을 살펴 보고 월 평균 지출액을 계산한다. 이때 일상적인 지출이 아닌 것은 계산에서 제외한다.

이를테면 지난 달에 일시적으로 의료비가 늘어났거나, 이번 달에 차를 수리하면서 평소보다 많은 돈을 썼다면 이런 것들은 계산에서 제외한다. 그리고 이 금액의 90%만을 체크카드가 연결된 별도의 통장에 넣어두고 한 달을 살아 본다. 모든 지출은 체크카드로 결제하여 잔고를 실시간으로 관리하고, 현금으로 지출해야 하는 경우에도 이 통장에서만 인출하여 사용한다. 혼동을 피하기 위해 다른 종류의 지출이 섞이지 않도록 하며, 기혼자의 경우 본인의 통장과 배우자의 통장을 구분하여 각자 실행한다.

실험의 1차 목표는 평소 지출액의 90%만으로 한 달을 사는 것이며, 2차 목표는 이 돈을 모두 소비하지 않고 조금이라도 남기는 것이다. 이렇게 해 보면 지출을 할 때마다 통장에 잔고가 얼마 남았는지 생각하면서 소비하게 된다. 만약 한 달의 반이 지나지 않았는데, 잔고가 절반도 남지 않았다면 월말까지 지출할 때 신경이 쓰일 것이다. 이쯤 되면 돈 쓸 일이 있을 때마다 꼭 필요한 지출인지 생각해 보게 되며, 꼭 필요한 지출이라면 줄일 수 없는지 또는 지출 시기를 미룰 수 없는지 등 평소에 하지 않던 고민을 하게 된다.

이처럼 월말까지 남은 돈만으로 생활해야 한다는 자기 통제의 암시는 생각보다 큰 힘을 갖는다. 만약 큰 어려움이 없었다면 좀 더 적은 돈으로도 한 달을 살 수 있다는 뜻이며, 정말 많은 노력을 했음에도 불구하고 돈이 부족했다면 스스로에게 너그러울 필요가 있다. 실험의 목적은 자신을 구속하려는 게 아니라 적정한 지출 수준을 결정하여 매월 일정한 돈으로 살아가는 습관을 갖기 위한 것일 뿐이다.

나의 권유로 이런 시도를 해 본 사람들 중 대부분은 한 달 후에 돈을 남겼으며, 자기 통제 능력에 스스로 놀라는 사람도 있었다. 반면에 어떤 사람은 평소에 자신이 생각했던 것보다 실제로는 훨씬 많은 돈을 소비하고 있다는 사실을 깨닫기도 했다. 하지만 결과가 무엇이든 간에 결론은 하나다. 이런 실험은 자신의 씀씀이를 관리하는 데 분명히 도움이 된다. 처음에는 불편함을 느끼고, 스트레스를 받기도 하지만, 습관이 되면 이런 문제들은 사라진다.

지출 관리에 적합한 금융상품은 편리성과 유동성이 중요하다. 편리성이란 말 그대로 다양한 목적으로 이용하기에 편리하다는 뜻이고, 유동성이란 쉽게 현금화할 수 있거나 돈을 인출할 수 있다는 뜻이다. 따라서 수시로 입출금이 가능하고, 각종 고정 지출(비용)을 자동납부할 수 있으며, 체크카드를 연결하여 결제 수단으로 사용할 수 있는 은행의 저축예금이나 증권사의 CMA 등을 선택해야 한다.

체크카드의 사용을 권장하는 이유는 결제 금액이 통장 잔고에서 실시간으로 출금되므로 결제가 다음 달로 미루어지는 신용카드에 비해 소비의 감각을 유지하는 데 도움이 되기 때문이다. 또한 통장정리나 인터넷뱅킹을 통해 지출 기록을 시간 순서대로 쉽게 확인할 수 있는 것도 장점이다.

우리 가족의 월간 지출 금액

200   년   월 지출 현황

구분			본인	배우자	소계
공적 지출	공적지출	소득세(원천징수)			
		국민연금보험료			
		건강보험료			
		고용보험료			
		기타			
				월간 공적 지출 총계	
고정 지출	부채상환 원리금	주택대출상환원리금			
		신용대출상환원리금			
		기타			
				부채상환원리금 총계	
	주택관련 지출	임차료(월세 등)			
		관리비			
		공과금(수도,가스 등)			
		통신비(유선,인터넷 등)			
		기타			
				주택관련 지출 총계	
	자녀관련 지출	교육비(학원,놀이방 등)			
		기타			
				자녀관련 지출 총계	
	보장성 보험료	보장성보험료			
		기타			
				보장성 보험료 총계	
	기타 고정지출	기타 고정지출			
				기타 고정 지출 총계	
				월간 고정 지출 총계	

구분			본인	배우자	소계
변동 지출	가족생활 지출	식비			
		외식비			
		여가비			
		피복비			
		의료비			
		휴대폰비			
		자녀용돈			
		차량유류비			
		대중교통비			
		기타			
		가족생활 지출 총계			
	사회생활 지출	식대			
		용돈			
		회식비			
		경조사비			
		기타			
		사회생활 지출 총계			
	기타 변동지출	기타 변동지출			
		기타 변동 지출 총계			
	월간 변동 지출 총계				
월간 총지출(=고정 지출 총계+변동 지출 총계)					
계절성 지출	연간지출	재산세 등			
		자동차세 등			
		자동차보험료 등			
		명절비 등			
		기타			
		연간 계절성 지출 총계			

CMA

어음관리계좌 혹은 자산관리계좌로도 불리는 CMA(Cash Management Account)는 은행의 보통예금이나 저축예금처럼 수시입출금이 가능하면서도 하루만 맡겨도 시중 금리 수준의 이자를 지급하는 금융상품이다. 본래 종금사의 고유 상품이지만 지금은 대부분의 증권사도 판매하고 있다.

CMA는 운용 방식에 따라 종금형, MMF형, RP형 등으로 구분할 수 있다.

종금형 CMA는 말 그대로 종금사에서 판매하는 CMA를 말하는데, 과거에 종금사를 인수한 몇 증권사에서도 판매하고 있다. 주로 우량 채권이나 CP(Commercial Paper, 기업어음) 등에 투자하며, 다른 형태의 CMA와는 달리 5,000만 원까지 예금자보호 대상이다.

이외에 대부분의 증권사에서 판매하고 있는 CMA는 MMF형이거나 RP형이다. MMF형은 MMF(Money Market Fund, 수시입출금이 가능하며, 채권, CP, 콜 론, CD 등으로 운용)에 투자하며, RP형은 RP(Repurchase Agreement, 환매조건부채권, 금융회사가 보유한 채권을 나중에 되 사주는 조건으로 판매하는 채권)에 투자한다.

2단계. 예비자금을 보유하라 (예비자금 관리)

예비자금 관리의 목적은 예상치 못한 사건으로 인해 평소보다 많은 돈을 지출해야 하는 일이 생겼을 때 필요한 돈을 원활히 조달하는 것이다.

예기치 못한 사건이란 질병이나 신체 사고로 인해 많은 의료비를 지출해야 하는 경우, 수입이 일시적으로 중단되거나 줄어드는 경우 혹은 어떠한 이유로든 급하게 많은 돈이 필요한 경우를 말한다.

나의 상담 경험에 의하면 사람들은 대체로 예비자금에 대한 개념이 없는 편이다. 예비자금을 보유하기보다는 예금이나 펀드에 몽땅 투자하거나, 예비자금 용도가 아닌 뭉텅이 돈을 아무 목적 없이 급여통장에서 놀리고 있는 사람들이 많다. 예비자금을 보유하는 게 왜 중요한지를 다음의 사례를 통해 살펴보자.

적금 만기가 되어 목돈을 타게 된 김 씨는 펀드에 투자하고 싶다며 나에게 상담을 요청하였다. 김 씨는 당시 매월 저축한 돈을 적금 만기 후 새로 가입한 또 다른 정기적금과 비과세 장기적금(장기주택마련저축), 비과세 연금보험 등에 투자하고 있는 상태였다. 마음 같아서는 저축상이라도 주고 싶을 만큼 열심히 저축하는 분이었다. 별도의 예비자금을 보유하고 있지 않은 상태였기 때문에 나는 펀드에 투자하려는 목돈 중 일부를 떼어서 예비자금으로 관리하고 남은 돈을 정기예금과 주식형펀드에 나누어서 투자할 것을 권했으며, 김 씨는 실제로 그렇게 했다. 5개월 후 김 씨의 아버지가 빙판에 넘어져, 뇌에 출혈이 생기는 중상을 입고 병원에 입원하게 되었다. 김 씨는 이때 의료비의 대부분을 예비자금으로 해결할 수 있었다.

당시 김 씨가 예비자금을 보유하고 있지 않았다면 병원비를 마련하기 위해 투자하고 있던 돈의 일부를 회수해야 했는데, 이는 생각만큼 단순한 문제가 아니다.

정기적금과 정기예금은 중도해지 때 약정이자를 모두 받지 못하기 때문에 이자 손실이 발생한다. 비과세 장기적금은 특별 중도해지 사유에 해당되지 않는 이상, 일정 기간이 경과하기 전에 해지하면 비과세 혜택을 받지 못하며, 소득공제를 받았다면 환급되었던 세금도 반납해야 한다. 비과세 연금보험도 일정 기간이 경과하기 전에 해약하면 비과세 혜택을 받지 못하며, 보험의 특성상 조기에 해약하면 원금도 돌려 받지 못할 수 있다. 주식형펀드는 수익이 나고 있는 상태라면 부담이 적지만 주가 하락으로 마이너스가 된 상태라면 손실을 감수하고 환매해야 할지를 고민해야 한다. 무엇보다도 이런 일이 생겼을 때 가장 큰 문제는 이자 손실이나 원금 손실이 아니다. 투자 계획에 차질이 생기고, 돈을 본래의 투자 목적과는 다른 엉뚱한 목적으로 사용해야 한다는 점이 더 큰 문제가 된다.

수입이 일시적으로 중단되거나 줄어든 경우도 생각해 보자. 수입이 중단되었다고 지출도 중단하거나 평소의 지출 수준을 갑자기 줄일 수는 없다. 대출 원리금을 지불하야 하고, 아파트 관리비도 지불해야 한다. 그뿐만 아니라 각종 공과금, 자녀의 학원비, 보장성 보험료, 식비, 교통비 등 돈을 꼭 써야 할 일들은 널려 있다. 이런 때 예비자금은 일시적인 위기를 극복하는 데 큰 힘이 되어준다.

이외에도 부득이 평소보다 많은 돈을 지출해야 할 때나 자동차 보험료나, 휴가비 등 계절성 지출을 할 때에도 예비자금을 활용할 수 있다.

그렇다면 어느 정도의 예비자금을 보유하고 관리하는 게 좋을까? 이에 대한 답은 개인의 상황에 따라 달라지겠지만, 통상 월평균 지출액(고정 지출+변동 지출)의 3배 이상을 보유할 것을 권한다. 이는 당장 수입이 중단되더라도 현재의 지출 수준을 3개월 이상 유지할 수 있는 돈이다. 또는 형편에 따라 100만 원, 300만 원 등 일정한 금액을 정하는 방법도 괜찮다.

예비자금을 확보하는 방법은 매월 저축하는 돈의 일부를 목표 금액이 될 때까지 조금씩 적립하는 방법과 목돈이 있다면 목돈의 일부를 떼어서 일시에 확보하는 방법이 있다. 다른 목적의 투자는 가급적 예비자금을 확보한 이후에 할 것을 권한다. 혹시 현재 예비자금 없이 저축하는 돈의 대부분을 다른 목적으로 투자하고 있다면 이를 중단할 필요까지는 없다. 지금부터 매월 조금씩 적립하여 예비자금을 확보하면 된다. 또한 예비자금을 지출한 후에는 지출한 돈 만큼 다시 보충해서 채워야 한다. 많은 돈을 예비자금으로 보유하는 것보다 일정한 금액을 유지하는 게 더 중요하다. 예기치 못한 일이란 언제 생길지 알 수 없기 때문이다.

현명한 농부는 풍년이 든다는 혹신이 있더라도 가뭄에 대비해 저수지에 물을 채운다. 사람들은 살면서 모든 일이 계획대로만 되지 않는다는 것을 잘 알면서도 이러한 사실을 외면하거나 눈 앞에 보이는 급한 일에만 매달린다. 불확실성은 인생뿐만 아니라 돈 관리에 있어서도 가장 큰 적이며, 항상 견제해야 할 대상이다.

예비자금 관리에 적합한 금융상품은 유동성이 중요하다. 따라서 언제든지 입출금이 가능하고, 원금 손실 가능성이 낮은 MMF나 CMA를 선택하는 게 좋다. 항상 일정 수준의 잔고를 유지해야 하므로 이자를 거의 주지 않는 은행의 저축예금이나 보통예금은 적절하지 않다. 또한 언제 급한 돈이 필요할지 알 수 없기 때문에 주식형펀드처럼 원금 손실 가능성이 높은 상품도 적절하지 않다.

예비자금을 보유하는 것과는 별도로 보장성 보험에도 가입해야 한다. 보장성 보험이란 사망, 질병, 상해 등의 사고가 발생했을 때 보험금을 지급하는 상품을 말하며, 이는 넓은 의미의 예비자금으로 볼 수 있기 때문이다. 조기 사망에 대비한 상품으로는 종신보험, 정기보험 등이 있으며, 질병이나 상해에 대비한 상품으로는 암보험, 질병보험, 의료비보험 등이 있다.

보장성 보험에 가입할 때는 발생 확률은 낮지만 발생했을 때 치명적인 문제를 일으키는 조기 사망(경제활동 기간 또는 자녀 성장기에 사망하는 것), 중대질병(암, 뇌출혈, 심근경색 등), 중대상해(고도의 신체장해를 유발하는 상해 등) 등에 대비할 수 있는 보험 상품을 우선적으로 고려해야 한다. 왜냐하면 이런 일은 평생에 한두 번 발생하는 것만으로도 본인은 물론 가족들에게까지 심각한 경제적 충격을 가할 수 있기 때문이다.

반면에 병원에 며칠 입원하거나 치질 수술을 받거나 또는 제왕절개 수술로 아기를 낳은 후 받을 수 있는 수 십만 원의 보험금이 있으면 당장 경제적으로 도움이 되고 마음의 위안도 얻겠지만 삶에 큰 영향을 주지는 않는다. 그리고 이런 문제는 대개 보험이 없어도 해결 가능하다.

나도 수년 전 교통사고로 디스크 수술을 받았고, 1개월 이상 입원했지만 지금은 아무 문제 없이 생활하고 있다. 당시에는 많이 힘들었지만 결과적으로 나와 가족의 삶에 별다른 영향을 주지는 않았다(물론 자동차보험에 의해 의료비 보상을 받았다.). 하지만 만일 그 때의 사고로 내가 사망했거나 고도의 장애를 입었다면, 나와 나의 가족은 지금 사고 전과는 전혀 다른 삶을 살고 있을 것이다. 보험은 큰 위기에 처했을 때 많은 보상을 받는 게 중요하며, 이것이 보험 가입의 가장 중요한 목적이자 이유가 되어야 한다.

보장성 보험에 가입하여 지불하는 보험료는 철저하게 비용의 개념으로 이해해야 한다. 즉 위험 보장을 받는 것에 대해 값을 지불하는 것이지 나중에 원금과 수익을 돌려 받기 위한 게 아니다. 이 점을 부정하는 사람이라면 보험에 가입하기보다는 다른 목적을 위해 한 푼이라도 더 투자하는 게 옳다. 또한 10년, 20년 후의 사망보험금 1억 원이 물가상승률을 고려했을 때 무슨 의미가 있냐고 말하는 사람도 있는데, 보험은 당장 오늘 또는 내일 발생할지도 모를 사고에 대비하는 것이지 10년, 20년 후의 사고 발생을 계획하고 가입하는 게 아니다. 이 점을 부정하는 사람도 보험에 가입하여 돈을 낭비하기보다는 펀드 등에 투자하는 게 현명하다. 물론 최근에는 보험금의 가치(물가 상승에 따른 돈의 가치)를 보존하기 위해 보험료의 일부를 펀드에 투자하는 변액보험이 판매되고 있지만 그렇다고 보험의 본질이 바뀌지는 않는다.

보험료는 짧게는 수 년, 길게는 수십 년 동안 지불해야 하기 때문에 과도할 경우 저축을 충분히 할 수 없다. 범죄가 무섭다고 무거운 갑옷을 입고 다닐 수는 없듯이 만약의 사고에 대비한다고 지나치게 많은 보험료를 지불하는 것은 좋지 않다.

보장성 보험료는 본인만 가입하는 경우 월평균 실수입의 5~7% 정도가 적절하며, 온 가족이 가입하는 경우에도 최고 10%를 넘지 않는 게 좋다(자동차보험료와 주택화재보험료 등은 제외한다.). 맞벌이 가정 중 배우자가 언제든 직장을 그만 두고 전업 주부가 되려 한다면 이 비율을 가장의 수입에 맞추어야 한다. 맞벌이 가정이 외벌이 가정으로 전환되면서 보험료 부담 때문에 골치 썩는 일은 흔하다.

따라서 현재 여러 가지 보장성 보험에 가입하여 지나치게 많은 보험료를 지불하고 있다고 판단되면 선별적으로 해약하거나 보험료 감액을 해야 할 필요도 있다. 이때 주의할 점은 해약하거나 감액하는 만큼 보상 받을 수 있는 범위가 좁아지거나 보험금이 줄어드는 위험을 감수할 수 있어야 한다. 게다가 보험 가입 당시에는 건강에 이상이 없었지만 그 이후에 특정한 질병을 앓았거나 현재 치료를 받고 있다면 새로 가입하는 게 어려울 수 있다. 그러므로 전문가에게 상담을 받아 신중히 결정해야 한다.

보장성 보험에 가입할 때는 청약서 상 주요 알릴 내용에 대해 사실대로 기재해야 한다. 이를 '계약전 알릴 의무' 또는 '고지 의무' 라고 하는데, 주로 과거 또는 현재의 병력에 대해 묻는 내용이다.

병력이 있다고 무조건 보험 가입이 안 되는 것은 아니다. 암과 같은 중대한 질병이 아니고, 완치된 상태라면 대체로 보험에 가입하는 데 큰 문제는 없다. 하지만 경우에 따라서 보험사는 가입자에게 과거에 치료 받은 병원에서 병력 기록을 떼오라거나 보험사가 지정한 병원에서 건강검진을 받으라고 요구하기도 한다. 또한 과거 병력의 재발 또는 이것이 원인이 되어 발생된 사고에 대해서는 보험사가 책임을 지지 않는다는 조건부 계약을 요구하기도 한다. 이 모든 것들이 가입자 입장에서는 기분 나쁜 일들이다. 하지만 보험 분쟁의 절반 정도가 이와 관련하여 발생한다는 점을 감안한다면, 귀찮고 까다로운 절차를 거쳐 보험에 가입하는 게 알리지 않고 가입하여 분쟁의 씨앗을 키우는 것보다 훨씬 좋은 방법이다.

만일 이러한 절차를 거치고나서 보험사에서 계약을 거절한다면 차라리 잘 된 일이라고 생각하는 게 좋다. 나중에 제대로 보상 받지도 못할 보험에 가입하여 보험료를 지불하는 것은 보험 판매자와 보험사를 위해 기부하는 것과 다르지 않기 때문이다. 사무직 종사자에 비해 위험한 직업에 종사하거나 사고 위험이 높은 취미 생활을 즐기는 경우에도 청약서 상에 사실대로 고지해야 나중에 탈이 없다. 단, 고지 의무를 위반했더라도 보험금 청구의 대상이 되는 질병이나 사고가 발생했을 때 그 발생의 원인이 고지 의무를 위반한 사항과 관련이 없다고 인정되면 보험사는 보험금을 지급해야 할 의무가 있다.

보장성 보험에 가입하고 싶지 않거나, 가입하고 싶어도 보험사에서 계약을 거절하는 경우라면 보험에 가입하는 대신 충분한 예비자금을 확보하여 만약의 사고에 스스로 대비하는 수밖에 없다.

우리는 잊을 만하면 보험사의 횡포를 고발하는 방송이나 악의적인 목적으로 보험을 이용하는 사기꾼들에 관한 뉴스를 보게 된다. 이때마다 현재 가입한 보험을 해약해버릴까 고민하기도 한다. 하지만 어느 가장이 남기고 간 사망보험금으로 배우자와 자녀가 희망을 버리지 않고 꿋꿋이 살아가는 모습이나 치명적인 질병 진단을 받은 후 지급된 보험금으로 위기를 극복하는 사람들의 사례를 보여주는 방송은 단 한 번도 본 적이 없다. 실제로 이런 일들이 많음에도 불구하고 말이다. 만약 당신에게 보험에 가입하지 말라고 하거나 가입한 보험을 해약하라고 쉽게 말하는 사람이 있다면, 어떤 사고가 발생했을 때 그는 당신과 당신의 가족을 위해 아무것도 해줄 수 없는 사람이라는 사실을 분명히 인식하고 판단해야 한다.

특히 당신이 가장이라면 조기 사망에 대비한 종신보험이나 정기보험에는 반드시 가입할 것을 권한다. 이미 가입했다면 부자가 될 때까지 또는 자녀가 성인이 되어 사회에 진출할 때까지 잘 유지하기 바란다. 조기 사망에 대비하는 목적은 오로지 가족을 위해서이다. '나 죽으면 끝이지….'라고 말하는 사람들도 있지만, 끝이라고 생각되는 그 순간이 남은 가족들에게는 고통의 시작이다. 남은 배우자는 생계 문제와 자녀의 교육 문제를 홀로 해결해야 하며, 이 모든 것들이 돈과 관련되어 있다. 하다못해 장례를 치르기 위해서도 돈이 필요하며, 장기간 투병 생활을 했다면 의료비를 해결하기 위해서도 돈이 필요하다. 이 모두가 남은 가족의 몫이다. 당신의 연봉이 5천만 원인 경우 남은 가족은 적어도 10억 원 이상의 경제적 가치(10억 원을 연 5%의 정기예금에 투자한다면 연간 5천만 원의 세전 이자를 얻게 된다.)와 함께 돈으로 평가할 수 없는 무형의 가치를 한 순간에 잃게 된다. 만약 누군가 당신에게서 가장 소중한 무엇과 함께 그 동안 땀 흘려 모아둔 전재산을 빼앗아 갔다고 상상해 보라. 아마도 당신은 절망할 것이다. 만약 누군가 가족에게서 당신을 빼앗아갔다고 상상해 보라. 그때 가족들이 느끼게 될 절망감은 상상조차 할 수 없을 것이다. 이때 지급되는 사망보험금은 당신을 대신하기에 완벽하지도 충분하지도 않겠지만, 남은 배우자와, 자녀에게 한 줄기 희망의 빛은 될 수 있다.

어떤 사람들은 평균수명 100세 시대를 눈앞에 둔 지금, 자녀가 성인이 되기도 전에 사망할 확률이 얼마나 되겠냐고 반문한다. 그러나 조기 사망의 확률이 높고 낮음을 떠나서 우리 주변의 많은 사람이 실제로 이른 나이에 사망한다. 생각하기도 싫지만 나의 가족과 지인들만 봐도 그렇다.

나의 할아버지는 나의 아버지가 고3 때인 40대 초반에 할머니와 5남매를 세상에 남겨 두고 지병으로 돌아가셨으며, 나의 큰 아버지는 20년 전 40대 중반에 큰 어머니와 3남매를 뒤로 한 채 교통사고로 돌아가셨다. 고등학교 동기 중 3명 이상이 20대 초반 또는 30대 초반에 사망했다. 3명 이상이라고 표현하는 이유는 확실히 내가 알고 있는 친구 3명이 사망했고, 이외에 또 다른 사망자가 있는지는 모르기 때문이다. 대학 후배가 20대 초반에 군복무 중 사고로 사망했으며, 또 다른 대학 후배는 30대 초반에 뇌출혈로 사망했다. 첫 직장의 선배가 30대 후반에 암으로 사망했으며, 또 다른 선배의 매형은 전신주 고압기의 폭파 사고로 30대 후반에 사망했다. 최근 1년 동안 직장 동료 두 분이 사망했는데, 한 분은 40대 후반에 뇌출혈로, 다른 한 분은 30대 중반에 암으로 별세했다. 나는 업무상 많은 사람을 만나왔기 때문에 이런 종류의 사례를 두 페이지는 더 나열할 수 있지만 더 이상

언급하고 싶지는 않다. 당신도 주위를 둘러보면 이런 안타까운 사례들을 쉽게 떠올릴 수 있을 것이다.

불행이라는 불청객이 착한 사람과 악한 사람, 부자와 가난한 사람, 젊은 사람과 나이든 사람을 가려가며 찾아온다는 근거는 어디에도 없다. 당신만은 예외라는 생각을 하지 않았으면 좋겠다. 이처럼 발생 확률은 낮지만 치명적인 사고에 대비하는 게 보험의 본래 목적이다.

또한 중대질병이나 중대상해에 대한 대비도 중요하다. 관련 보험 상품에 가입하는 것도 좋지만 이런 사고가 생기면 사망에 이르거나 수명이 단축되는 경우가 많기 때문에 이에 대한 대비는 종신보험이나 정기보험 등에 가입하면서 특약으로 함께 계약하는 것도 좋은 방법이다.

나는 어떤 보험에 가입하는 게 좋은지 묻는 사람들에게 다음과 같이 우선 순위를 제시한다.

- 가장(가정의 주된 수입원)은 조기 사망에 대비한 종신보험 또는 정기보험에 가입한 후 여유가 된다면 질병과 상해에 대비할 수 있는 의료비보험 등에 추가로 가입한다.
- 배우자는 중대질병보험 또는 의료비보험 등에 가입한 후 여유가 된다면 종신보험 또는 정기보험 등에 추가로 가입한다.
- 자녀는 어린이 전용 중대질병보험이나 의료비보험 등에 가입한다.

- 미혼이라도 미래에 가장이 되거나 누군가의 배우자가 될 것이기 때문에 동일한 우선 순위로 가입한다.

참고로 나와 나의 아내는 조기 사망에 대비한 종신보험에 가입하고 있으며, 암을 포함한 중대질병과 각종 수술비 및 입원비 등은 종신보험의 특약에 의해 보장 받고 있다. 나의 딸은 중대질병을 포함한 수술비와 입원비 등을 보장하는 생명보험사의 어린이 전용 건강보험과 의료비를 실비로 보상하는 손해보험사의 어린이 전용 의료비보험에 함께 가입되어 있다.

보험 상품의 구분

보험 상품은 크게 보장성 보험과 저축성 보험 등으로 구분한다.
　보장성 보험은 조기 사망, 질병, 상해 등의 사고에 대비하기 위한 것으로 종신보험, 변액종신보험, 유니버셜종신보험, 정기보험, 암보험, 질병보험, 의료비보험, 태아보험, 어린이의료비보험 등이 이에 해당한다.
　저축성 보험은 적금이나 펀드처럼 미래에 원금과 수익을 돌려 받기 위한 것으로 저축보험, 유니버셜보험, 연금보험, 변액연금보험, 변액유니버셜보험 등이 이에 해당한다.
　보험료를 가입자(계약자)의 입장에서 분석해 보면 일부는 비용으로 소멸되고, 나머지 부분은 적립되어 해약 또는 만기 때 이자(수익)와 함께 돌려 받게 된다. 이때 비용은 가입자 본인 또는 다른 가입자에게 사고가 발생했을 때 보험금을 지급하기 위해 사용되며, 보험 판매자의 수당 및 직원의 급여 지급 등 보험회사의 각종 운용 경비를 위해서도 사용된다.
　보장성 보험은 사고 발생 때 보험금을 지급하는 게 주된 목적이기 때문에 보험료 중 비용이 차지하는 비율이 저축성 보험에 비해 매우 높다. 또한 가입자가 납부해야 하는 보험료가 저렴한 대신 전부 비용으로 소멸되어 버리는 상품도 있다.
　비용을 제하고 적립되는 보험료를 펀드에 투자하는 보험상품의 명

칭에는 '변액'이라는 말을 붙이며, 적립된 보험료를 해약하지 않고도 출금(중도인출)할 수 있는 보험상품은 '유니버셜'이라는 말이 따라 붙는다. 최근에는 유니버셜보험이 아니어도 출금 기능을 제공하는 보험상품들이 많이 판매되고 있다.

보장성 보험 ① 종신보험과 정기보험
종신보험과 정기보험은 생명보험사의 고유 상품으로 비슷한 점과 다른 점이 있다. 모두 가입자 사망 때 보험금 지급을 주된 목적으로 하며, 사망의 원인에 관계 없이 약속한 사망보험금을 남은 가족에게 지급한다. 하지만 보장 기간과 보험료에 있어서는 큰 차이가 있다.

종신보험은 말 그대로 보장 기간이 종신이므로 언젠가 한 번은 반드시 사망보험금을 지급받게 된다(사람은 누구나 한번은 사망하므로). 또한 노후에는 가입자가 원할 경우 보장을 중단하고, 해약환급금을 연금으로 전환하여 살아있는 동안 평생 연금을 받을 수도 있다. 반면 정기보험은 10년, 20년 등 가입자가 계약 당시 정한 기간 동안만 보장이 되고 이후에는 보장이 되지 않는다. 특히 정기보험의 보험료는 대부분이 비용으로 소멸되기 때문에 해약 또는 만기 때 돌려 받게 되는 돈이 거의 없거나 전혀 없다.

따라서 정기보험은 종신보험에 비해 보험료 부담이 적으며, 그 차이는 상당히 크다. 예를 들어 35세 남성이 주계약 1억 원의 사망보험금 계약을 체결했을 때의 보험료는 종신보험의 경우 18만 2천원(20

년납), 20년 만기 정기보험의 경우 3만 8천원(20년납)이다(A생명보험사의 종신보험과 정기보험, 2008년 6월 기준). 따라서 종신보장을 받고 싶다면 종신보험에 가입하고, 종신보장을 원치 않거나 보험료가 부담된다면 보장 기간을 경제활동기 또는 자녀성장기에 맞추어 20년 만기, 60세 만기 등의 정기보험에 가입하면 된다.

보장성 보험 ② 정액보상과 실손보상
질병이나 상해에 대비해서는 질병보험이나 의료비보험 등에 가입하면 된다. 이런 종류의 보험은 보상 방식에 따라 정액보상 보험과 실손보상 보험으로 구분할 수 있다. 정액보상 보험은 사고 발생 때 실제 지출한 의료비와는 상관없이 보험 계약 당시 약정한 금액을 지급하며, 실손보상 보험은 계약 당시 약정한 금액을 한도로 실제 부담한 의료비의 전부 또는 일부를 지급한다. 최근 실손보상 보험이 사람들에게 많이 알려지면서 인기를 누리고 있다. 기존에는 손해보험사에서만 판매할 수 있었지만 최근 생명보험사도 판매 인가를 받아서 종신보험 등에 특약 형태로 판매할 수 있게 되었다.

주의할 것은 정액보상 보험은 여러 보험사의 비슷한 상품에 중복해서 가입하더라도 모두 보상을 받을 수 있지만 실손보상 보험은 그렇지 못하다는 점이다. 예를 들어 A생명보험사와 B생명보험사에 각각 입원비를 정액으로 보상하는 보험에 가입했다면 양쪽 모두에게서 약정된 입원비를 받게 되지만 C손해보험사와 D손해보험사에 각각

의료비를 보상하는 실손보상 보험에 가입했더라도 의료비를 중복해서 받지 못한다. 가입자가 실제 지출한 의료비를 두 보험사가 나누어서 보상할 뿐이다. 따라서 실손보상 보험에 중복해서 가입한다면 보험료를 낭비하는 꼴이 된다. 물론 실손보상 보험에 중복 가입한 경우에도 정액보상을 하는 암특약, 입원특약 등을 함께 계약했다면 이 부분에 대해서는 전부 보상을 받는다. 하지만 이럴 바에는 실손보상 보험에 하나 가입하고 정액보상 보험에 또 하나 가입하는 게 좋은 방법이다.

3단계. 장기간 투자하라 (투자 관리)

투자 관리의 목적은 한마디로 부富의 형성이며, 이를 위해서는 복리 투자를 지속해야 한다. 이 과정에서 가장 중요한 것은 적은 수익률이라도 장기간 꾸준히 유지하는 일이다.

내가 이렇게 말하면 어떤 사람들은 귀담아 들으려 하지 않는다. 특히 최근 주식시장의 호황으로 주식형펀드나 ELS 등에 투자하여 고수익의 짜릿한 맛을 경험한 사람일수록 이런 경향이 있다. 심지어 연 10%의 수익률도 적다고 생각하는 사람들이 있으며, 그렇게 해서 언제 부자가 되냐고 말하기까지 한다. 하지만 고수익이라는 허상에 가려져 대부분의 사람들이 모르고 있는 사실이 있다. 그것은 주식이나 펀드에 투자하면서 은행 금리 정도의 투자 수익률을 꾸준히 유지하기도 생각만큼 쉬운 일이 아니라는 점이다.

예를 들어 1억 원을 거치식으로 5년 동안 주식형펀드에 투자한다고 가정해 보자. 이때 4년은 연 10%의 수익을 얻고, 1년은 연 -10%의 손실이 생긴다면 5년 후에는 3,177만 원의 최종 수익을 얻게 될 것이다. 이는 연평균 5.67%의 복리 수익률에 해당하며, 최근 1년 만기 정기예금의 세후 수익률을 고려하면 생각만큼 높은 수익률이 아니다(물론 장기간 투자할 경우 복리 수익률 1%포인트의 차이가 얼마나 중요한 것인지는 앞서 설명하였다.).

만약 5년 중 3년은 연 10%의 수익을 얻었지만 2년에 걸쳐 연 -10%의 손실이 생긴다면 5년 후 얻을 수 있는 수익은 781만 원에

● 1억 원을 5년동안 거치식으로 투자하는 경우 (1)

경과년수	1차년도	2차년도	3차년도	4차년도	5차년도	누적 수익률 (원금대비)	연평균 수익률 (연복리)
수익률	10.0%	10.0%	10.0%	-10.0%	10.0%	31.77%	5.67%
연말가치	1억 1,000만	1억 2,100만	1억 3,310만	1억 1,979만	1억 3,177만		

경과년수	1차년도	2차년도	3차년도	4차년도	5차년도	누적 수익률 (원금대비)	연평균 수익률 (연복리)
수익률	10.0%	-10.0%	10.0%	-10.0%	10.0%	7.81%	1.52%
연말가치	1억 1,000만	9,900만	1억 890만	9,801만	1억 781만		

불과하다. 이는 최근의 금리 수준으로 원금이 보장되는 1년 만기 정기예금에 5년 동안 반복해서 투자했을 때 얻을 수 있는 수익의 절반에도 못 미치는 형편 없는 수익률이다.

주식형펀드의 수익률을 연 10%로 가정하는 게 너무 낮아서 합리적이지 못하다고 생각할 사람들을 위해서 수익률을 연 20%로 가정해 보겠다.

다음의 표에서 볼 수 있듯이 이 경우에도 결과는 크게 달라지지 않는다. 5년 동안 4년은 연 20%의 수익을 얻고, 1년은 연 -20%의 손실이 생긴다면 최종적으로는 연평균 10% 이상의 복리 수익률을 얻게 된다. 하지만 2년에 걸쳐 연 -20%의 손실이 생긴다면 결과는 크게 달라진다.

세계 어느 주식시장에서든 이처럼 수익률이 크게 널뛰기를 하는

● 1억 원을 5년동안 거치식으로 투자하는 경우 (2)

경과년수	1차년도	2차년도	3차년도	4차년도	5차년도	누적 수익률 (원금대비)	연평균 수익률 (연복리)
수익률	20.0%	20.0%	20.0%	-20.0%	20.0%	65.89%	10.65%
연말가치	1억 2,000만	1억 4,400만	1억 7,280만	1억 3,824만	1억 6,589만		

경과년수	1차년도	2차년도	3차년도	4차년도	5차년도	누적 수익률 (원금대비)	연평균 수익률 (연복리)
수익률	20.0%	-20.0%	20.0%	-20.0%	20.0%	10.59%	2.03%
연말가치	1억 2,000만	9,600만	1억 1,520만	9,216만	1억 1,059만		

경우는 과거에도 있었고, 지금도 흔히 있는 일이다. 주가 변동이 심한 우리나라도 마찬가지이며, 특히 1990년대 우리나라의 주식시장은 이런 널뛰기 장세의 연속이었다. 많은 사람이 2002년 이후 우리나라의 주식시장이 예전과는 체질적으로 크게 달라졌다고 말하지만, 이것이 사실인지의 여부를 떠나서 주가의 변동성은 어떤 경우에도 사라지지 않을 것이다.

따라서 당신이 올해 주식형펀드에 투자하여 20%의 수익을 얻었더라도 내년에는 -20% 이상의 손실이 생길 수도 있으며(손실 없이 매년 20%의 복리 수익률을 얻을 수 있는 방법을 알고 있다면 당신은 금세 세계 최고 수준의 갑부가 될 것이다.), 올해 중국 펀드에 투자하여 50%의 수익을 얻었더라도 내년에는 그 이상의 돈을 잃게 될 수도 있다. 이런 경우는 주식이나 펀드뿐만 아니라 어떤 대상에 투자하더라도 발생할 수 있

● 우리나라의 종합주가지수 수익률 (연초 지수 대비 연말 지수)

년도	1990년	1991년	1992년	1993년	1994년	1995년
수익률	-23.5%	-12.2%	11.0%	27.7%	18.6%	-14.1%

년도	1996년	1997년	1998년	1999년	2000년	2001년
수익률	-26.2%	-42.2%	49.5%	82.8%	-50.9%	37.5%

년도	2002년	2003년	2004년	2005년	2006년	2007년
수익률	-9.5%	29.2%	10.5%	54.0%	4.0%	32.2%

다. 다만 정도의 차이가 있을 뿐이다.

  부자들은 이런 사실을 잘 알고 있기 때문에 투자에 앞서 조심하고, 투자를 하면서도 조심한다. 그래서 투자 위험 관리에 각별히 신경을 쓰며, 은행, 증권사, 보험사 등 다양한 금융회사들과 복수 거래를 하면서 여러 전문가의 의견을 듣고 정보를 분석한다. 혹자는 수입이 적거나 현재 자산이 적은 사람들은 고위험 고수익을 추구하는 공격적인 투자를 해야 부자가 될 수 있다고 말한다. 특히 젊은 사람들일수록 그렇게 해야 한다고 말한다. 하지만 내가 보기에 이는 앞뒤가 맞지 않는 말이다. 수억 원을 주식이나 주식형펀드에 투자하는 부자들은 이보다 훨씬 많은 돈을 부동산, 채권, 정기예금, 비과세 연금보험, 외환, 금 등에 나누어서 투자하고 있으며, 사업이나 직업을 통해 벌어들이는 수입 또한 많다. 물론 몇몇 부자는 투자 결과에 대한 확신을 갖고 특정 자산에 집중적으로 투자하거나 기업의 경영권을 유지하기 위해 자산의 대부분을 주식으로 갖고 있기도 하다. 그러나 이런 경우를 제외하면 대부분의 부자들은 자신의 돈을 다양한 자산에 골고루 투자함으로써 투자 위험을 분산하고 있다. 즉 그들의 투자 원칙 1순위는 '잃지 않는 것'이다. 그런데 왜 부자가 아닌 사람들이 부자들과 다르게 행동해야 하는가? 가진 게 적다면 오히려 더 조심해서 투자해야 한다. 부자들이 공격적인 투자를 하다가 돈을 잃으면 일부를 잃게 되지만 부자가 아닌 사람들이 공격적인 투자를 하다가 실패하면 전부를 잃게 된다. 따라서 부자가 아닌 사람들도 투자 원칙 1순위는 '잃지 않는 것'에 두어야 한다.

잃지 않는 투자란 단순히 투자 원금을 지킨다는 소극적 행위만을 뜻하지 않는다. 이보다는 돈의 가치를 지키는 게 더욱 중요하며, 이는 물가상승률과 관련이 있다.

만약 당신이 10년 전 1억 원을 남몰래 옷장 깊숙이 숨겨 두었다면 원금 1억 원은 아직 그대로 남아 있겠지만 돈의 가치는 상당히 줄어들었을 것이다. 10년 전 1억 원이면 서울 어디에 작은 아파트라도 한 채 살 수 있었겠지만 지금은 전세 아파트도 구하기 어렵다. 투자 원금만을 지키기 위한 소극적 행위는 장기적으로 보면 결국 돈을 잃는 것에 지나지 않는다(이를 인플레이션 위험이라고 한다.). 원금과 함께 돈의 가치를 지키고 유지해야 하며, 이를 위해서는 적어도 물가상승률 정도의 복리 수익률로 지속적인 투자를 할 수 있어야 한다. 즉 물가가 오르는 만큼 당신이 가진 돈의 가치도 오를 수 있도록 투자해야 한다는 뜻이다.

2000년부터 2007년까지 최근 8년간 우리나라의 물가상승률은 연평균 3%(통계청에서 발표한 소비자물가지수의 연평균 상승률) 수준이었다. 따라서 그 동안 은행의 정기예금에만 투자했어도 잃지 않는 투자를 할 수 있었다. 왜냐하면 같은 기간 1년 만기 정기예금의 세후 수익률은 평균적인 물가상승률 이상이었기 때문이다. 이처럼 은행의 정기예금은 과거 고금리 시대에 비해 투자 대상으로서의 매력을 많이 상실한 게 사실이지만, 여전히 무시할 수 없는 좋은 투자 대상임에 틀림없다. 하지만 잃지 않는 투자만 해서는 실질적인 수익을 얻지 못한다는 문제가 생긴다. 왜냐하면 원금만을 지키는 게 돈을 잃는 것이나 마찬가지라면, 물가 상승에 따른 돈의 가치만을 유지하는 일은 0%의 수익률을 겨우 유지하는 셈이기 때문이다.

돈의 가치는 교환 가치이다. 예를 들어 오늘 당신에게 1천 원이 있다면 빵 한 개와 바꿀 수 있기 때문에 돈으로서의 가치가 있다. 그런데 당신이 오늘의 배고픔을 참고 1천 원을 투자하여 1년 뒤 2천 원으로 불린다고 가정해 보자. 1년 뒤에도 빵 값이 여전히 1천 원이라면 두 개의 빵을 살 수 있으므로 돈의 가치는 두 배로 늘어난 것이다. 만약 빵 값도 2천 원으로 오른다면 1년 뒤에도 지금처럼 한 개의 빵만을 살 수 있으므로 돈의 가치는 제자리를 유지한 것이다. 즉 겉보기에는 100%의 수익률(명목수익률 = 100%)을 얻었지만 빵 값도 100% 올랐기 때문에 실제로는 빵 한 개를 사고 나면 남는 게 하나도 없다(실질수익률=0%). 결국 실질적인 투자 수익률은 0%이다. 따라서 물가상승률보다 조금이라도 더 높은 투자 수익률을 얻게 될 때 비로소 실질적인 수익을 얻을 수 있는 것이다.

투자자가 매년 기대할 수 있는 투자 수익률은 다음과 같이 표현할 수 있다.

연간 기대 수익률
= 1년 만기 정기예금의 세후 수익률 + α수익률

이때 정기예금의 세후 수익률은 원금 손실 등의 투자 위험을 감수하지 않고도 얻을 수 있는 수익률(무위험수익률)이며, α수익률은 원금 손실 등의 투자 위험을 감수한 것에 대한 대가(리스크 프리미엄 또는 위험보상률)의 성격을 갖는다. 따라서 정기예금에만 투자한다면 투자 위험을 전혀 감수하지 않는 것이므로 α수익률 역시 전혀 기대할 수 없고, 높은 α수익률을 원하는 사람들은 투자 위험이 높은 주식형펀드 등에 투자해야 한다. 이 때문에 흔히 '하이리스크 하이리턴(고위험 고수익)'이라는 표현을 쓴다.

예를 들어 정기예금의 투자 위험을 '0', 주식형펀드의 투자 위험을 '100'으로 본다면 최대의 α수익률을 얻고자 하는 사람은 가진 돈을 전부 주식형펀드에 투자해야 하고, 중간 정도의 α수익률을 얻고자

하는 사람은 정기예금에 절반, 나머지 절반은 주식형펀드에 투자해야 한다. 또한 투자 위험을 전혀 감수할 의사가 없다면 정기예금에만 투자해야 하며, 이때는 a수익률도 전혀 기대할 수 없다. 이처럼 '1년 만기 정기예금의 세후 수익률+a수익률'로 표현되는 연간 기대 수익률은 투자자가 감수하려는 투자 위험의 정도에 따라 달라지며, 예측하기도 어렵다. 또한 같은 정도의 투자 위험을 감수하더라도 투자자에 따라 기대하는 정도가 다르기도 하다.

1970~80년대의 고금리 시대에는 은행의 정기예금이나 적금에만 투자해도 돈의 가치를 유지하는 것은 물론 그 이상의 실질수익도 얻을 수 있었다. 따라서 굳이 a수익률을 얻기 위해 투자 위험을 감수할 필요도 없었다. 하지만 지금과 같은 저금리 시대에는 고민이 생긴다. 만약 정기예금 수익률이 물가상승률을 밑도는 초 저금리 시대에 돌입하게 되면 이런 고민은 더욱 커지게 될 것이다. 결국 저금리 시대에는 어느 정도의 투자 위험을 감수하더라도 은행의 정기예금이나 적금 외에 다른 대상에도 투자해야 할 필요가 있다.

투자 관리에 적합한 금융상품은 기간, 목적 등에 따라 안정성이 중요할 수도 있고, 수익성이 중요할 수도 있다. 안정성은 투자 위험이 낮고 금리 정도의 수익률을 기대할 수 있는 것을 뜻하며, 수익성은 투자 위험은 높지만 금리보다 높은 수익률을 기대할 수 있는 것을 뜻한다. 이에 대해서는 '제5장 실전 투자 관리' 편에서 좀 더 자세히 다룰 것이다.

제3장

돈 관리 시스템

시스템으로 하는 돈 관리

'돈 관리 시스템'을 만들기 위해서는 우선 돈의 용도를 구분한 후 각 용도에 따라 다르게 사용할 통장을 준비해야 한다. 이것이 무슨 의미인지는 우리가 집에서 사용하는 물의 흐름을 생각해 보면 쉽게 이해할 수 있다.

물탱크로 유입된 물은 서로 다른 배관을 통해 주방으로 흐르고, 화장실로도 흐른다. 주방으로 가는 물은 설거지나 마시는 물로 사용되며, 화장실로 가는 물은 세면이나 변기물로 사용된다. 이처럼 물은 보기에는 같아도 용도에 따라 다른 공간에서 다른 목적으로 사용된다. 때문에 집안에 수도관이 하나밖에 없어 수도꼭지 한 곳에서만 물이 나온다면 매우 불편할 것이다.

우리가 매월 벌어들이는 돈도 마찬가지이다. 같은 돈이지만 여러 가지 다른 목적으로 사용되기 때문에 한두 개의 통장으로 모든 지출과 투자를 관리하는 것보다는 돈의 용도를 구분하여 서로 다른 통장으로 관리하는 게 편리하다.

● 집에서 사용하는 물

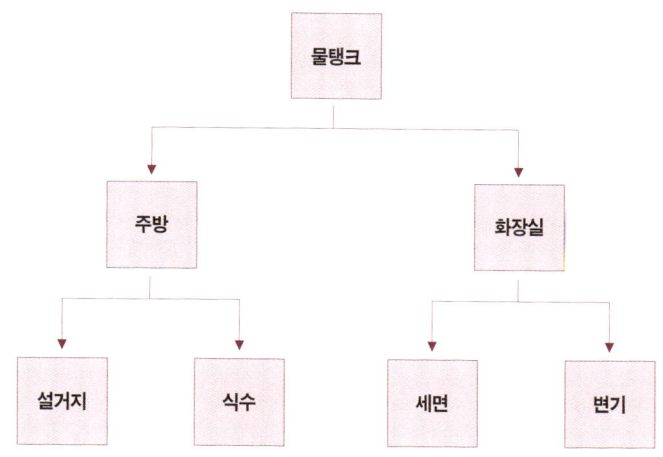

돈의 용도 구분은 앞서 2장에서 이야기한 3단계 돈 관리법을 바탕으로 한다. 크게 보면 고정 지출, 변동 지출, 예비자금, 투자 등 4가지 목적으로 사용되므로, 이를 관리하기 위해서는 4개의 통장이 필요하다. (공적 지출은 급여생활자인 경우에는 급여를 받기 전 차감되므로 관리의 대상이 될 수 없으며, 자영업자인 경우에는 고정 지출로 분류해서 관리하면 된다. 계절성 지출은 예비자금과 연동된다.)

- 급여 통장(급여 수령 및 고정 지출 관리용)
- 소비 통장(변동 지출 관리용)
- 예비 통장(예비자금 관리용)
- 투자 통장(투자 관리용)

　이는 특정 금융상품의 명칭이 아니라 각 통장에 용도별로 이름을 붙여준 것이다. 4개의 통장을 준비하고, 인터넷뱅킹을 이용할 수 있다면 누구나 쉽게 돈 관리 시스템을 만들 수 있다(인터넷뱅킹을 이용할 수 없더라도 큰 문제는 없다.).

　주식이나 펀드, 채권 등에 투자하는 경우에도 해당 금융기관으로부터 통장을 받는 경우가 있다. 그러나 여기서 말하는 '통장'은 기본적으로 자유입출금이 가능한 것만을 대상으로 하고 있다.

4개의 통장

돈 관리 시스템의 원리는 매우 단순하다.

급여 통장에 매월 급여가 입금된 후 월말(또는 특정일)까지 각종 고정 지출을 자동납부되도록 하고, 생활비용(변동 지출)으로 소비할 일정한 금액의 돈을 소비 통장으로 자동이체한다. 남은 돈을 전부 투자 통장으로 이체한다. 이렇게 하면 매월 얼마의 돈을 벌어서 얼마를 지출하고, 얼마를 저축했는지 쉽게 파악할 수 있다. 그리고 투자 통장에 입금된 돈은 예비자금을 확보한 후 다양한 금융상품에 투자하면 된다. 이것이 돈 관리 시스템의 기본적인 형태이다.

● 돈 관리 시스템

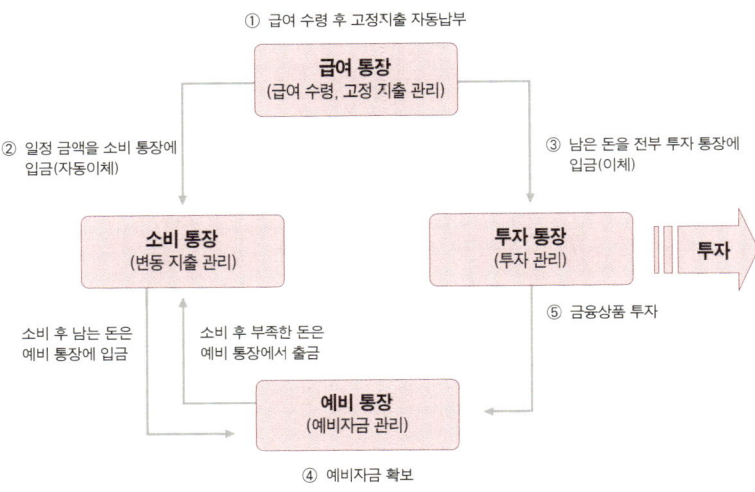

　내게 상담을 받았던 대부분의 사람들은 급여 통장 또는 한두 개의 통장에서 모든 지출과 금융상품으로의 자동이체 등을 하고 있었으며, 돈의 용도에 따라 구분하여 관리하는 사람들은 소수였다. 따라서 가계부를 쓰거나 정기적으로 직접 계산을 해 보는 사람들 외에는 매월 얼마의 돈을 어떤 목적으로 지출하고, 얼마나 저축하고 있는지 스스로 파악하지 못하고 있었다. 이렇게 해서는 부자는커녕 자신이 버는 돈도 제대로 지키기 어렵다.

　만약 어떤 기업의 CEO가 회사가 얼마의 돈을 벌어서(매출), 얼마를 지출하고(비용), 최종적으로 얼마를 남겼는지(이익) 파악할 수 없다면 그 기업은 반드시 망할 것이다. 우리 모두는 각자의 가정을 경영하는 CEO이거나 회계 담당 부사장이다. 수익률이 높은 펀드를 찾아 헤매기보다는 자신에게 편리한 방법으로 돈을 잘 관리하여 저축액을 10원이라도 더 늘리는 게 우리 가정에 오히려 더 많은 수익을 가져 올 것이다. 만약 돈이 새는 것을 막아 1년에 50만 원을 추가로 저축했다면, 이는 최근의 금리로 정기예금에 1,000만 원을 투자해야만 얻을 수 있는 수익과 같다.

추가 수익을 얻기 위해 1,000만 원을 모으는 게 쉬운가, 아니면 50만 원을 모으는 게 쉬운가? 지나가는 초등학생에게 물어 보라. 그 아이가 정확한 답을 알려 줄 것이다.

TIP 자영업자도 자신에게 매월 고정 급여를 보내자

자영업자는 매월 수입이 불규칙한 경우가 많다. 특히 특정 계절이나 특정 시기에 매출이 몰리는 업종에 종사하는 경우 이런 현상이 심하게 나타난다. 따라서 고정적인 급여를 받는 직장인들에 비해 장기적인 돈 관리 계획을 수립하고 실행하는 데 어려움이 따른다. 이런 문제를 조금이라도 해결할 수 있는 방법은 자신에게 매월 고정 급여를 보낸 후 이에 맞추어 소비하고, 저축하는 습관을 들이는 것이다. 이를 위해서는 사업용 자금과 가계용 자금을 명확히 구분하고, 매월 자신에게 급여를 지급한다는 생각으로 일정한 금액의 돈이 급여 통장으로 자동이체 될 수 있도록 해야 한다. 그리고 한 해의 사업이 잘 된 경우 그 다음 해에는 급여를 인상해서 지급하거나 사업이 잘 되지 않았다면 급여를 스스로 삭감해서 지급하는 식으로 자금을 운용하면 돈 관리에 많은 도움이 된다.

급여 통장의 활용 (급여 수령 및 고정 지출 관리)

급여 통장은 급여를 받고 고정 지출을 관리하기 위한 통장이다. 따라서 대출 원리금, 아파트 관리비, 각종 공과금, 자녀학원비, 보장성 보험료 등의 고정 지출의 자동납부를 위한 목적으로만 사용한다. 이때 모든 자동납부일은 급여일 직후부터 월말(또는 특정일) 사이로 지정하고, 각종 고정 지출의 자동납부가 종결되는 다음 날에 일정한 금액의 돈이 소비 통장으로 자동이체될 수 있도록 설정한다.

모든 고정 지출의 자동납부가 끝나고, 소비 통장으로 돈이 자동이체 된 후에는 급여 통장에서 더 이상 지출될 게 없다. 이때 남아 있는 돈이 바로 그 달의 저축 가능한 돈이므로 전부 투자 통장으로 이체한다. 그러면 다음 급여일까지 급여 통장의 잔액은 '0원'이 된다.

급여일 이후 월말(또는 특정일)까지 모든 고정 지출이 자동으로 납부되고, 소비 통장으로의 생활비용 이체도 자동으로 처리되므로 월말이 지나서 최종 잔액을 확인한 후 남은 돈을 전부 투자 통장으로 이체하는 것 외에는 특별히 신경 쓸 일이 없다. 또한 통장을 정리하거나 인터넷뱅킹으로 거래 내역을 조회하면 매월 같은 거래 내역이 반복해서 표시되기 때문에 언제든지 고정 지출 내역과 지출액의 변동 상황을 한 눈에 확인할 수 있다.

신용카드 사용 대금의 출금 계좌는 급여 통장으로 지정하되, 신용카드는 가급적 사용하지 않거나 매월 지출액에 큰 변동이 생기지 않는(고정 지출 성격의) 통신 요금 또는 대중교통비 결제에만 사용한다.

그리고 다른 소비(변동 지출)는 소비 통장에 연결된 체크카드를 사용한다.

급여 통장으로 이용할 금융상품은 수시로 입출금이 가능하고, 각종 고정 지출을 자동납부할 수 있는 은행의 저축예금이나 증권사의 CMA가 적합하다.

● **급여 통장의 거래 내역**(통장 정리 또는 인터넷뱅킹으로 확인)

10월 거래 내역

거래일자	거래 내역	입금	출금	잔액	설명
11-02	자금이체		910,000	0	남은 잔액을 전부 투자 통장으로 이체
11-01	자금이체		700,000	910,000	소비 통장으로 생활비 자동이체
10-31	든든생명보험		150,000	1,610,000	본인의 보장성보험료 자동납부
10-31	든든생명보험		100,000	1,760,000	배우자의 보장성보험료 자동납부
10-31	든든생명보험		50,000	1,860,000	자녀의 보장성보험료 자동납부
10-30	행복아파트		150,000	1,910,000	아파트관리비 자동납부
10-30	가스요금		10,000	2,060,000	
10-30	수도요금		20,000	2,070,000	각종 공과금 및 통신비 등 자동납부
10-30	인터넷요금		30,000	2,090,000	
10-27	AB카드		30,000	2,120,000	신용카드 결제(핸드폰요금 자동납부)
10-25	튼튼 어린이집		350,000	2,150,000	자녀 학원비 자동납부
10-23	둥지마련대출		500,000	2,500,000	주택대출원리금 자동납부
10-20	성실주식회사 급여	3,000,000		3,000,000	급여 입금

(출금 910,000 옆 말풍선: 10월의 저축 가능한 돈)

11월 거래 내역

거래일자	거래 내역	입금	출금	잔액	설명
12-02	자금이체		1,410,000	0	남은 잔액을 전부 투자 통장으로 이체
12-01	자금이체		700,000	1,410,000	소비 통장으로 생활비 자동이체
11-31	든든생명보험		150,000	2,110,000	본인의 보장성보험료 자동납부
11-31	든든생명보험		100,000	2,260,000	배우자의 보장성보험료 자동납부
11-31	든든생명보험		50,000	2,360,000	자녀의 보장성보험료 자동납부
11-30	행복아파트		150,000	2,410,000	아파트관리비 자동납부
11-30	가스요금		10,000	2,560,000	
11-30	수도요금		20,000	2,570,000	각종 공과금 및 통신비 등 자동납부
11-30	인터넷요금		30,000	2,590,000	
11-27	AB카드		30,000	2,620,000	신용카드 결제(핸드폰요금 자동납부)
11-25	튼튼 어린이집		350,000	2,650,000	자녀 학원비 자동납부
11-23	둥지마련대출		500,000	3,000,000	주택대출원리금 자동납부
11-20	성실주식회사 급여	3,500,000		3,500,000	급여 입금 + 보너스 입금

(말풍선: 11월의 저축 가능한 돈)

소비 통장의 활용 (변동 지출 관리)

소비 통장은 변동 지출, 즉 매월 씀씀이에 따라 지출액이 크게 변동될 수도 있는 생활비용을 관리하기 위한 통장이다. 따라서 일정 금액을 넣어 두고 식비, 교통비, 여가비 등을 지출할 때만 사용한다.

　변동 지출도 우리가 삶을 유지하는 데 반드시 필요한 지출이기 때문에 아무리 절약을 해도 지출액을 줄이는 데 한계가 있다. 따라서 변동 지출 관리를 위해서는 매월 일정한 금액 내에서 소비하는 습관을 기르는 게 훨씬 더 중요하다. 왜냐하면 고정 지출을 포함한 전체적인 지출 수준을 큰 변동 없이 일정하게 유지할 수 있다면 그만큼 투자 계획을 수립하고 실행하는 데 도움이 되기 때문이다.

예를 들어 당신의 수입이 월 150만 원으로 고정되어 있다고 가정해 보자. 만약 당신이 매월 지출 수준을 100만 원 이내에서 유지할 수 있다면 매월 50만 원 정도를 꾸준히 저축할 수 있다. 따라서 1,000만 원의 종잣돈을 모으기로 마음을 먹고, 정기적금에 투자하기 시작했다면 늦어도 20개월 후에는 목표를 달성하게 될 것이다. 만약 분기마다 보너스를 받는다면 목표 달성 기간은 15개월 또는 18개월로 단축될 수도 있다. 하지만 매월 지출하는 돈이 얼마인지 모르거나 자주 변동되는 상황이라면 이와 같은 계획을 갖고 투자하기는 어렵다. 안개 속을 걸을 때는 목적지에서 발하는 희미한 불빛이라도 보이는 게 무작정 걷는 것보다는 훨씬 낫다.

매월 변동 지출에 필요한 돈이 대략 얼마인지 결정되면, 급여 통장으로부터 매월 일정한 금액이 소비 통장으로 자동이체되도록 한다. 그리고 이 금액 내에서 한 달간 생활할 수 있도록 노력해야 한다.

지출을 할 때는 가능하면 신용카드는 사용하지 말고, 소비 통장에 연결된 체크카드를 사용하거나 현금을 인출하여 사용한다. 지출을 관리한다는 측면에서 본다면 지출이 실시간으로 이루어지고 거래내역도 실시간으로 확인할 수 있는 체크카드를 사용하는 게 편리하다.

그리고 다음 달에 급여 통장으로부터 다시 생활비가 자동이체되는 날까지 혹시 돈이 남았다면 잔액은 전부 예비 통장으로 옮겨 예비자금으로 관리한다. 살다 보면 부득이 평소보다 많은 돈을 지출해야 할 때도 있고, 재산세를 내거나 자동차보험료, 휴가비 등을 지출해야 할 때도 있다. 이때 부족한 돈은 예비 통장에서 예비자금의 일부를 인출하여 해결한다. 예비자금은 비상 시뿐만 아니라 이런 때에도 사용하기 위해 준비하는 돈이다.

만약 매월 일정한 돈만으로 생활하기 위해 노력함에도 불구하고, 돈이 부족해서 예비자금을 갖다 쓰는 일이 자주 생긴다면 자동이체 금액을 좀 더 늘리도록 한다. 물기가 다 빠진 수건을 쥐어짜는 것은 불필요하게 힘을 낭비하는 일밖에 되지 않는다. 돈 관리를 잘 해 보자는 것이지 극기훈련을 하자는 게 아니다.

통장을 정리하거나 인터넷뱅킹으로 거래 내역을 조회하면 매월 체크카드 사용 내역과 현금 인출 내역을 시간 순서대로 확인해 볼 수 있기 때문에 가계부를 쓰는 것과 유사한 효과를 얻을 수 있다. 따라서 평소보다 많은 돈을 지출한 경우 거래 내역을 확인해 보면 그 원인을 쉽게 파악할 수 있다.

소비 통장으로 이용할 금융상품은 수시로 입출금이 가능하고, 체크카드를 연결하여 결제 수단으로 사용할 수 있는 은행의 저축예금이나 증권사의 CMA가 적합하다.

● **소비 통장의 거래 내역** (통장 정리 또는 인터넷뱅킹으로 확인)

10월 거래 내역

> 10월의 소비하고 남은 돈

거래일자	거래내용	입금	출금	잔액	설명
11-02	자금이체		100,000	700,000	전 달의 잔액을 예비 통장으로 이체
11-01	자금이체	700,000		800,000	급여 통장으로부터 자동이체 입금
10-28	ATM출금		50,000	100,000	현금 인출
10-25	마니마트		100,000	150,000	체크카드 사용
10-17	ATM출금		50,000	250,000	현금 인출
10-12	화려한백화점		100,000	300,000	체크카드 사용
10-30	해피피자		20,000	400,000	체크카드 사용
10-10	마니마트		50,000	420,000	체크카드 사용
10-9	ATM출금		50,000	470,000	현금 인출
10-9	장내과		30,000	520,000	체크카드 사용
10-7	돼지식당		50,000	550,000	체크카드 사용
10-5	마니마트		100,000	600,000	체크카드 사용
10-1	자금이체	700,000		700,000	급여 통장으로부터 자동이체 입금

11월 거래 내역

(11월의 소비 하고 남은 돈)

거래일자	거래 내역	입금	출금	잔액	설명
12-02	자금이체		50,000	700,000	전 달의 잔액을 예비 통장으로 이체
12-01	자금이체	700,000		750,000	급여 통장으로부터 자동이체 입금
11-26	ATM출금		50,000	50,000	현금 인출
11-25	마니마트		100,000	100,000	체크카드 사용
11-21	ATM출금		50,000	200,000	현금 인출
11-17	화려한백화점		200,000	250,000	체크카드 사용
11-15	해피피자		30,000	450,000	체크카드 사용
11-12	마니마트		50,000	480,000	체크카드 사용
11-10	ATM출금		50,000	530,000	현금 인출
11-05	마니마트		100,000	580,000	체크카드 사용
11-03	돼지식당		20,000	680,000	체크카드 사용
11-02	자금이체		100,000	700,000	전 달의 잔액을 예비 통장으로 이체
11-01	자금이체	700,000		800,000	급여 통장으로부터 자동이체 입금

예비 통장의 활용 (예비자금 관리)

예비 통장은 예비자금을 관리하기 위한 통장이다. 따라서 충분한 예비자금을 넣어 두고 특별한 경우에만 사용한다. 특별한 경우란 예상치 못한 일로 고액의 지출을 해야 하는 때나 재산세, 자동차보험료, 휴가비, 명절비 등 계절성 지출을 해야 하는 때를 말한다. 이외에도 부득이 생활비용을 평소보다 많이 지출하게 되어 소비 통장의 잔액이 부족한 경우에도 사용할 수 있다.

　예비자금은 월평균 지출액(고정 지출 + 변동 지출)의 3배 이상을 유지할 것을 권한다. 만약 이것이 어렵더라도 어느 정도의 금액은 반드시 확보하고 관리해야 한다. 다른 목적의 투자도 가급적 예비자금을 확보한 후에 하는 게 좋다. 그리고 예비자금을 지출한 후에는 지출한 돈만큼 다시 보충해서 채워야 한다.

　예비 통장으로 이용할 금융상품은 언제든지 입출금이 가능하면서도 하루만 맡겨도 이자를 지급하는 MMF나 CMA가 적합하다.

투자 통장의 활용 (투자 관리)

투자 통장은 투자를 관리하기 위한 통장이다. 따라서 적금, 펀드, 변액연금보험 등 투자 목적의 금융상품에 자동이체하기 위한 목적으로만 사용한다. 이때 모든 금융상품의 자동이체일은 가급적 같은 날로 정하거나 비슷한 날짜에 이체될 수 있도록 하는 게 관리하기에 편리하다.

　급여 통장에서 각종 고정 지출을 자동납부하고, 소비 통장으로의 생활비 자동이체가 끝나면, 남은 돈을 전부 투자 통장으로 이체한다. 이때 각종 금융상품으로의 자동이체가 시작되기 전에 하도록 유의한다. 변액연금보험 등 저축성 보험은 보험료가 2회 이상 미납되면 실효가 되므로 보험료 연체 관리에 신경을 써야 한다. 만약 이것이 불안하다면 저축성 보험의 보험료는 고정 지출을 관리하는 급여 통장에서 자동이체 되도록 하는 게 좋다.

  투자 통장에서 각종 투자 상품으로의 자동이체가 끝나고 남은 돈은 전부 예비 통장으로 이체한다. 이렇게 예비통장에 모인 돈이 충분한 예비자금을 제외하고도 목돈이 되면 정기예금이나 펀드 등에 다시 투자한다.

  통장을 정리하거나 인터넷뱅킹으로 거래 내역을 조회하면 매월 같은 거래 내역이 반복해서 표시되기 때문에 어떤 금융상품에 얼마가 투자되고 있는지 쉽게 확인할 수 있다.

  투자 통장으로 이용할 금융상품은 다른 금융상품으로의 자동이체(또는 금융상품 거래)가 자유로운 은행의 저축예금이나 증권사의 CMA가 적합하다.

● **투자 통장의 거래 내역**(통장 정리 또는 인터넷뱅킹으로 확인)

11월 거래 내역

거래일자	거래내용	입금	출금	잔액	설명
11-11	자금이체		110,000	0	남은 잔액을 전부 예비 통장으로 이체
11-10	목돈모아정기적금		300,000	110,000	자동이체 입금
11-10	부자되기적립식펀드		200,000	410,000	자동이체 입금
11-10	장기주택마련저축		100,000	610,000	자동이체 입금
11-10	장수변액연금보험		200,000	710,000	자동이체 입금
11-02	자금이체	910,000		910,000	급여 통장으로부터 이체 입금

12월 거래 내역

거래일자	거래내용	입금	출금	잔액	설명
12-11	자금이체		610,000	0	남은 잔액을 전부 예비 통장으로 이체
12-10	목돈모아정기적금		300,000	610,000	자동이체 입금
12-10	부자되기적립식펀드		200,000	910,000	자동이체 입금
12-10	장기주택마련저축		100,000	1,110,000	자동이체 입금
12-10	장수변액연금보험		200,000	1,210,000	자동이체 입금
12-02	자금이체	1,410,000		1,410,000	급여 통장으로부터 이체 입금

지금까지 돈 관리 시스템의 기본적인 형태와 4개의 통장을 활용하는 방법에 대해 설명하였다. 이를 참고로 당신의 상황에 맞게 돈 관리 시스템을 만들어서 이용해 보기 바란다.

예를 들어 맞벌이 가정이라면 부부가 각자 4개의 통장을 별도로 만들어서 관리할 수도 있고, 급여 통장 이외의 다른 통장은 한 사람의 것으로 모아서 관리할 수도 있다. 외벌이 가정이라면 급여 통장, 투자 통장, 예비 통장은 가장의 것으로 관리하되 가장의 소비 통장과는 별도로 살림을 책임지는 배우자 전용 소비 통장을 만들어 관리하면 효과적이다. 미혼이라면 위의 기본적인 형태로 시스템을 구성하여 돈을 관리하면 문제가 없을 것이다.

참고로 나의 경우 급여 통장과 소비 통장은 은행의 저축예금을 이용하고 있으며, 예비 통장은 국공채 MMF, 투자 통장은 은행의 저축예금과 증권사의 CMA를 함께 이용하고 있다.

당신의 현재 금융 상태를 내가 제시한 돈 관리 시스템에 맞도록 재구성하려면 다소 번거로움이 따를 것이다. 그리고 처음 몇 달간은 시행착오를 겪게 될 수도 있다. 하지만 이것이 매우 편리한 시스템이라는 것을 곧 알게 될 것이다.

다음의 순서를 참고하여 당신만의 돈 관리 시스템을 만들어 보기 바란다. 주로 은행거래를 하는 경우를 예로 들었지만 증권사를 함께 거래하는 경우에는 CMA 등을 적절히 이용하면 된다.

우선 주거래 은행에서 4개의 통장을 만든다.
- 급여 통장으로 사용할 저축예금 계좌를 만든다.(직장인이라면 누구나 가지고 있을 것이므로 별도로 만들 필요는 없다.)
- 소비 통장으로 사용할 저축예금 계좌와 이에 연결된 체크카드를 함께 만든다.
- 투자 통장으로 사용할 저축예금 계좌를 만든다.
- 예비 통장으로 사용할 MMF계좌를 만든다.
- 계좌간 자동이체 등을 인터넷으로 자유롭게 처리할 수 있도록 모든 계좌를 인터넷뱅킹에 등록한다.

그리고 급여 통장은 다음과 같이 세팅한다.
- 모든 고정 지출의 자동납부 계좌를 급여 통장으로 지정(또는 변경)하고, 자동납부일은 급여일과 월말(또는 특정일) 사이로 지정한다. 각종 공과금이나 보장성 보험료 등의 자동납부 방법 변경은 보통 전화 또는 인터넷으로 쉽게 처리할 수 있지만, 납부 대상 기관에 따라서는 반드시 은행이나 해당 기관에 방문해서 처리해야 하는 경우도 있다.
- 매월 일정한 금액이 소비 통장으로 자동이체 될 수 있도록 계좌간 자동이체 등록을 하고, 자동이체일은 고정 지출의 자동납부가 모두 끝나는 날의 다음날(또는 특정일)로 지정한다.
- 소비 통장으로 돈이 자동이체된 직후 급여 통장의 최종 잔액을

투자 통장으로 전부 이체하여 다음 급여일까지 급여 통장의 잔액을 0원으로 유지한다.

투자 통장은 다음과 같이 세팅한다.
- 모든 금융상품(보장성 보험료 제외)의 자동이체 계좌를 투자 통장으로 지정하고, 자동이체일은 모두 같은 날 또는 비슷한 날짜로 지정한다.
- 금융상품의 자동이체가 모두 끝나면 투자 통장의 최종 잔액을 예비 통장으로 이체하여 투자 통장의 잔액을 0원으로 유지한다.
(투자 통장에 입금된 돈을 투자하는 방법에 대해서는 '제5장 실전 투자 관리' 편에서 자세히 다룰 것이다.)

이렇게 하면 돈 관리를 위해 소비하는 시간은 매월 초에 급여 통장의 최종 잔액을 확인하고 투자 통장으로 이체하기 위한 잠깐(굳이 시간으로 표현하자면 5분), 그리고 투자 통장에서 각종 금융상품으로의 자동이체가 끝난 후 최종 잔액을 확인하고 예비 통장으로 이체하기 위한 잠깐(역시 5분)뿐이다. 그리고 지출 내역과 투자 내역을 확인할 필요가 있을 때는 통장 별로 거래 내역이 질서 정연하게 정리되어있으므로 편리하게 조회해 볼 수 있다. 인터넷뱅킹을 이용하지 않는다면 한 달에 한두 번 은행에 직접 방문하거나 가까운 자동화기기를 이용하여 잔액을 이체하고, 통장 정리를 해서 확인해 보면 된다.

● **4개의 통장에 적합한 금융상품**

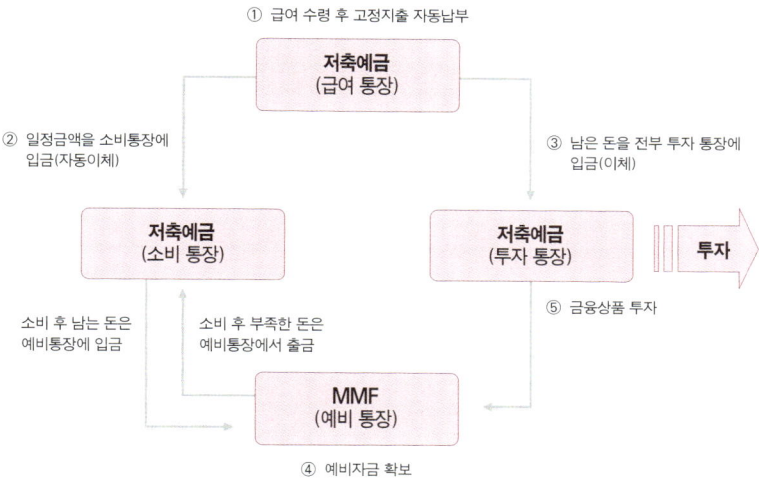

돈 관리 상태를 점검하자

적어도 1년에 한두 번 정도는 돈 관리 상태를 점검해 볼 필요가 있다. 이때 가장 중요한 것은 수입 중 얼마의 돈을 저축했는지와 지난해에 비해 순자산이 얼마나 증가했는지를 확인하는 일이다. 그리고 충분히 저축하지 못하고 있다는 생각이 들면 그 원인을 파악한 후 개선하기 위해 노력해야 한다. 사람들이 충분히 저축하지 못하는 이유는 많은 돈을 지출하기 때문이다.

물론 수입이 절대적으로 적거나, 수입에 비해 부양해야 하는 가족이 많거나 부양 가족 중 중증의 만성질병 환자 혹은 장애인이 있어서 의료비 지출이 많은 경우는 좀 다르다. 이 때는 근본적인 문제가 제거되거나 수입을 늘리는 것, 그리고 정부나 공익단체 등의 도움을 받는 것 외에는 별다른 해결 방법이 없기 때문에 나로서도 언급하기 조심스럽다.

그러나 많이 써서 돈이 모자라는 경우에는, 지출하는 돈을 줄이면 그만큼 저축액은 늘어날 수 밖에 없다. 만약 소비를 상당히 절제함에도 불구하고 충분히 저축하지 못하고 있다면 고정 지출 중 자녀의 사교육비, 보장성 보험료, 대출 원리금 등을 지나치게 많이 지출하고 있는지 살펴봐야 한다. 이러한 것들은 절약할 수 있는 게 아니기 때문에 지출 금액 자체를 깎아내지 않으면 줄일 수 없다. 따라서 보장성 보험을 선별적으로 정리하거나 대출 원금 중 일부를 상환하는 등의 방법을 고려해야 한다.

수입의 몇 % 이상을 저축해야 하는지에 대한 기준은 스스로 정해야 한다. 이는 개인의 목표이자 자기 통제의 결과이기 때문이다. 우리들 모두는 서로 다른 여건 속에서 다른 방식으로 살아간다. 따라서 최대한 얼마를 저축할 수 있는지도 자신이 가장 잘 판단할 수 있다. 하지만 자신의 금융 상태와 수입·지출 상태 등에 어떤 문제가 있는지 스스로 판단하기 어려울 때도 있다. 이런 경우에는 금융회사의 전문가에게 상담을 받는 게 좋다. 여러 사람들을 만나 보면 좋은 아이디어를 얻을 수 있을 것이다.

나는 엑셀 프로그램으로 간단한 표를 만들어 돈 관리 상태를 점검하고 있다. 총 5개의 시트로 구성되어 있으며, 첫 번째와 두 번째 시트의 내용을 입력하면 나머지 3개의 시트에서 자산과 부채, 수입과 지출, 저축 비율 등을 분석한 결과를 확인할 수 있다. (출판사의 홈페이지에 양식을 올려놓았으니 활용해 보기 바란다. www.dasanbooks.com)

● 자산과 부채 현황 입력

	구분		기준일: 2008년 1월 1일	(2008-01-01 과 같이 입력)	(단위: 원)
			본인	배우자	계
자산	금융자산	예비자금	5,000,000	-	5,000,000
		투자자금(채권형)	10,000,000	-	10,000,000
		투자자금(주식형)	10,000,000	-	10,000,000
				금융자산 총계	25,000,000
	부동산	거주목적 부동산(전세금 포함)	300,000,000	-	300,000,000
		투자목적 부동산	-	-	-
				부동산 총계	300,000,000
	기타	기타 자산	5,000,000	-	5,000,000
				기타 자산 총계	5,000,000
				자산 총계	330,000,000
부채	부채	주택대출	50,000,000	-	50,000,000
		신용대출	-	-	-
		기타 부채	-	-	-
				부채 총계	50,000,000
			순자산 총계(= 자산 총계 - 부채 총계)		280,000,000

● 수입과 지출 현황 입력

구분			본인	배우자	계	
수입	세전수입	급여(또는 월평균수입)	3,000,000	3,000,000	6,000,000	노란색 부분만 입력하세...
		급여외 수입	-	-	-	
		수입 총계			6,000,000	
공적 지출	공적지출	소득세	100,000	100,000	200,000	
		국민연금보험료	100,000	100,000	200,000	
		건강보험료	100,000	100,000	200,000	
		고용보험료	10,000	10,000	20,000	
		기타	-	-	-	
		공적지출 총계			620,000	
		실수입 총계(= 수입 총계 - 공적지출 총계)			5,380,000	
	부채상환원리금	주택대출상환원리금	500,000	-	500,000	
		신용대출상환원리금	200,000	-	200,000	
		기타부채상환원리금	100,000	-	100,000	
		부채상환원리금 총계			800,000	
	주택관련지출	임차료(월세 등)	300,000	-	300,000	
		주택관리비	200,000	-	200,000	
		공과금(수도,가스 등)	50,000	-	50,000	
		통신비(유선,인터넷 등)	50,000	-	50,000	

● 자산과 부채 현황 분석 결과

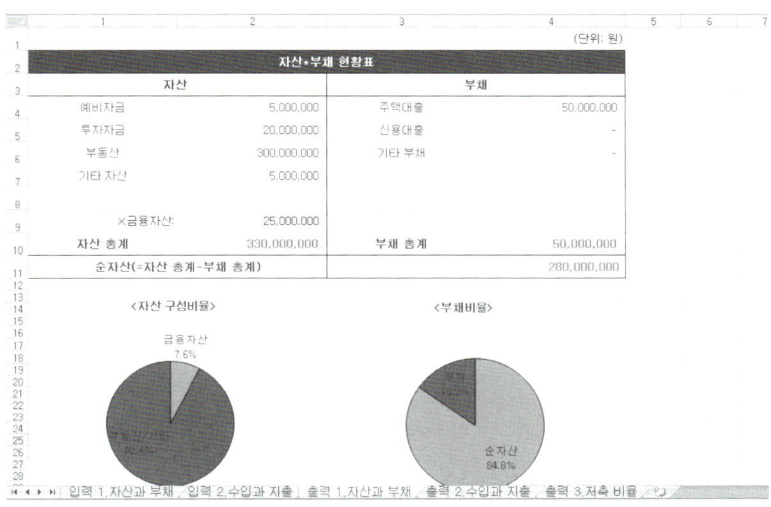

● 수입과 지출 현황 분석 결과

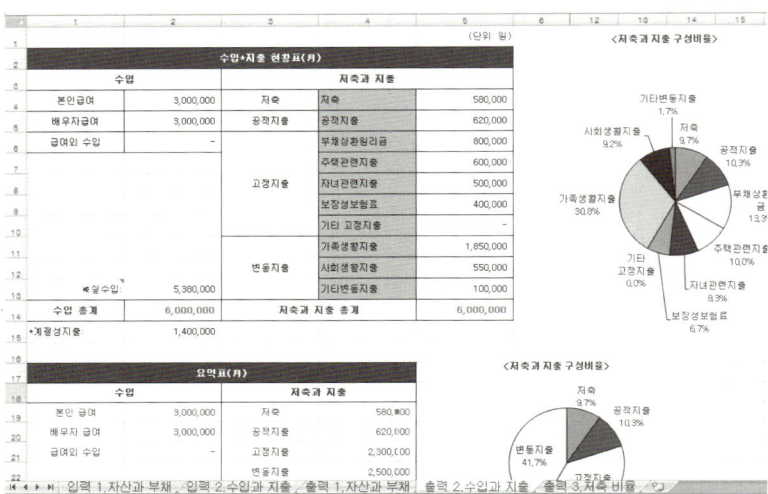

● 저축 비율 분석 결과

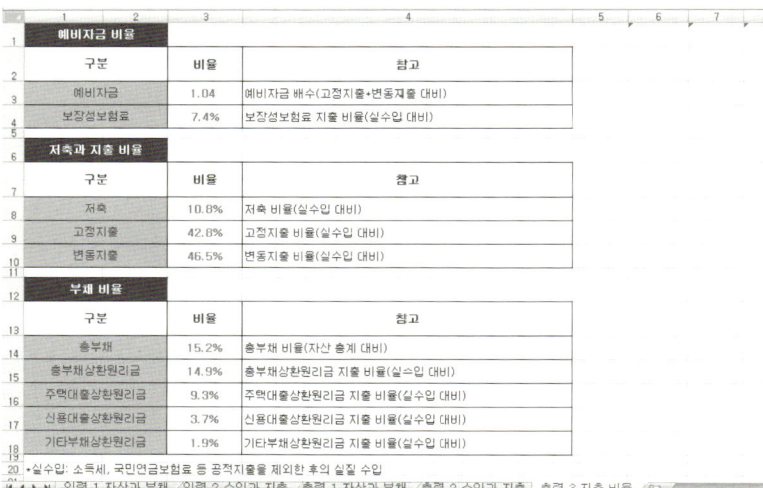

제4장
자산과 부채의 이해

자산과 부채

자산

자산을 한 마디로 정의하면 '내가 가진 돈(재산)'이다. '내 것'이기 때문에 마음대로 사용하고, 빌려 주고, 팔 수 있으며, 다른 사람의 것과 바꿀 수도 있다. 또한 현금, 예금, 펀드, 보험, 주식, 부동산 등 어떠한 형태로 가지고 있든지 그것도 '내 맘'이다. 그리고 이런 자산을 많이 보유한 사람들을 우리는 '부자'라고 부른다. 따라서 부자가 되려면 자산을 늘리기 위해 많이 노력해야 하는 것은 당연하다.

자산은 주인이 관심을 갖고 잘 관리하면 수익을 생산한다. 그리고 스스로 성장한다. 마치 사과나무를 구준히 보살피면 나무는 주인에게 잘 익은 열매로 보답하는 것과도 같다. 하지만 잘 관리하지 못하면 자산은 아무 일도 하지 않으며, 때로는 줄어들기까지 한다.

● 자산은 수익을 생산한다.

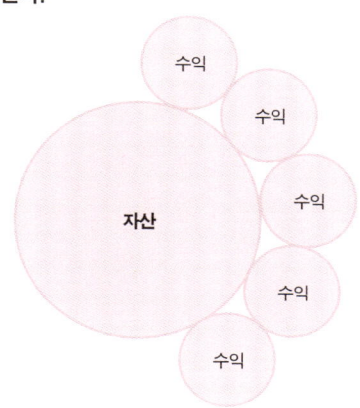

● 자산은 스스로 성장한다.

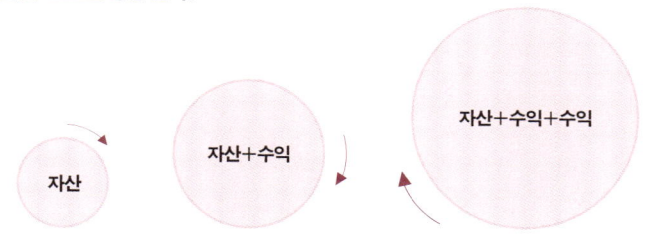

　자산은 수익을 생산할 수 있는지의 여부에 따라 다시 좋은 자산과 나쁜 자산으로 구분할 수 있다. 좋은 자산이란 수익을 생산하는 자산을 말한다. 정기예금처럼 투자 위험은 낮으나 생산할 수 있는 수익도 적은 자산, 주식형펀드처럼 투자 위험이 높은 대신 생산할 수 있는 수익이 많은 자산 그리고 부동산처럼 직접 사용하면서도 수익을 생산할 수 있는 자산 등이 이에 해당한다.

반면 나쁜 자산이란 수익을 생산하지 못하는 자산을 말한다. 주택 전세금처럼 아예 수익을 생산할 수 없거나, 자동차처럼 수익을 생산할 수 없을뿐더러 오히려 가치가 계속 감소하는 자산이다.

물론 주택 전세금과 자동차 등을 단순히 수익을 생산할 수 없다는 이유만으로 나쁜 자산으로 분류한 계에 동의하지 않는 사람도 있을 것이다. 이러한 자산은 편리성 등 다양한 삶의 가치를 생산하며, 이를 단순히 돈으로만 평가할 수는 없기 때문이다. 나 역시 전세로 거주한 경험이 있고, 자동차를 소유하고 있기 때문에 이러한 점에 대해 잘 알고 있다. 특히 나에게 자동차는 업무를 위한 매우 중요한 수단이기도 하다. 하지만 수익을 생산하지 못하는 무無수익 자산이 많을수록, 그리고 자산의 무수익 기간이 길어질수록 자산을 늘리는 데 방해가 되는 것은 분명하다.

좋은 자산은 잘 관리하면 수익을 생산하면서 스스로 자라지만 나쁜 자산은 그렇지 못하다. 따라서 당신이 좀 더 빨리 자산을 늘리고 싶다면 좋은 자산을 많이 소유하기 위해 노력해야 한다.

'내 것'이면 다 좋은 것이지 나쁜 게 어디 있냐고 생각할 수도 있다. 내가 말하는 '나쁜'의 의미는 '쓸모 없다'는 뜻이 아니라 '수익을 생산하지 못한다'는 뜻이다. '자산을 많이 보유하는 것'보다 더 중요한 것은 '수익을 생산할 수 있는 자산을 많이 보유하는 것'이다. 나쁜 자산을 많이 가지고 있으면 그만큼 자산을 늘리는 데 방해가 된다.

예를 들어 당신이 1억 원의 전세금을 주고 아파트에 살고 있다고 가정해 보자. 나는 앞서 수익을 생산할 수 없다는 이유 때문에 아파트 전세금을 나쁜 자산으로 분류하였다. 만일 전세금 1억 원을 연 4%(세후)의 1년 만기 정기예금에 넣어둔다면 연간 400만 원의 확정 수익(이자)을 얻을 수 있다. 동일한 수익률로 매년 복리 투자를 한다고 가정할 때 2년 후에는 816만 원, 4년 후에는 1,698만 원, 10년 후에는 4,802만 원의 수익을 얻게 될 것이다. 하지만 당신은 1억 원을 전세금의 형태로 보유하고 있기 때문에 이처럼 많은 수익을 포기하고 있는 셈이다. 이는 매년 400만 원이 넘는 돈을 쓰레기통에 버리고 있는 것과 다르지 않다. 결과적으로 전세금은 자산을 늘리는 데 도움이 되지 못한다. 물론 현재 전세로 살고 있는 아파트가 당신과 가족들에게 제공하는 편익은 그 이상의 가치를 지닌다고 생각할 수도 있다. 하지만 이러한 무형의 가치가 당신의 유형 자산을 직접적으로 늘려주지는 않는다. 자산을 늘려주는 것은 추가적인 저축과 좋은 자산이 생산하는 수익뿐이다.

이런 점을 문제로 인식하고 해결을 위해 심각하게 고민한다면 당신은 다음과 같은 결정을 할 수도 있다. 같은 아파트이지만 지금보다 작은 면적의 집으로 이사를 하거나 인근의 빌라 또는 일반 주택으로 이사를 해 전세금을 줄이고, 남은 돈을 정기예금이나 펀드 등 좋은 자산의 형태로 바꾸어 보유한다. 이렇게 하면 자산을 늘리는 데 분명히 도움이 된다. 만약 전세금 대출을 받았다면 대출의 전부 또는 일부를 상환하여 매월 지불하는 이자를 줄일 수 있고, 그만큼 더 저축할 수 있기 때문에 역시 자산을 늘리는 데 도움이 된다. 이러한 선택으로 인해 당신의 지금 생활이 조금 불편해지겠지만 내 집 마련의 시기는 오히려 조금 더 빨라질 것이다.

   자산을 보유할 때는 이처럼 수익을 고려해야 하며, 수익은 곧 자산의 증가 속도를 의미하기 때문에 중요하다. 지금 하게 되는 작은 결정이 모여 미래의 결과에 큰 영향을 미친다. 물론 모든 자산을 좋은 자산의 형태로만 보유할 수는 없다. 하지만 수익을 생산하지 못하는 자산의 비중이 너무 높다면 이는 당신이 자산의 주인으로서 제 역할을 하지 못하고 있다는 것을 뜻한다. 부자가 되고 싶다면 좋은 자산을 많이 보유하기 위해 노력해야 한다.

부채

부채를 한 마디로 정의하면 '빌린 돈'이다. '남의 것'이기 때문에 약속한 기간 내에 전부 돌려 줘야 한다. 그리고 자산이 수익을 생산하는 것과는 달리 부채는 비용을 발생시킨다. 즉 '남의 것'을 사용한 것에 대한 대가(이자)와 수수료 등을 지불해야 하는데 이를 '부채 비용'이라고 부른다.

   부채는 약속한 기간 내에 돌려주지 못하거나 이자를 제때에 지불하지 못하면 매우 빠른 속도로 늘어난다. 이 경우 실제 빌린 돈보다 훨씬 많은 돈을 돌려줘야 하며, 때로는 부채를 제공한 자에게 자산을

● 부채는 비용을 발생시킨다.

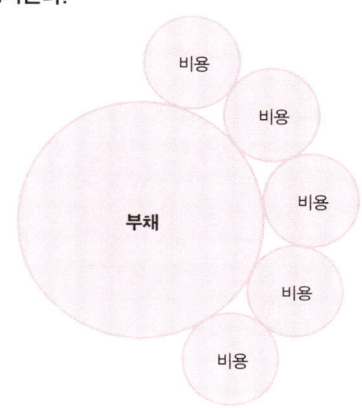

● 부채는 매우 빠른 속도로 늘어날 수 있다.

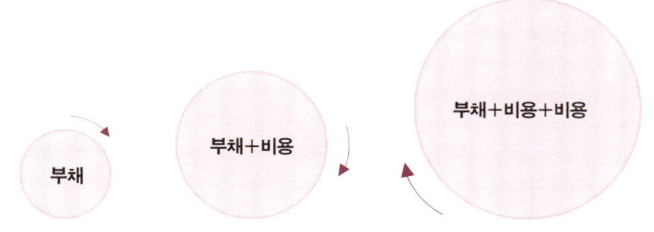

강제로 빼앗길 수도 있다. 심지어 부채 때문에 미래의 수입까지 담보 잡히는 사람들도 있다.

　부채도 사용 목적에 따라 다시 좋은 부채와 나쁜 부채로 구분할 수 있다.

　좋은 부채는 좋은 자산을 보유하기 위한 것으로, 해당 자산이 생산하는 수익이 부채 비용보다 더 클 것으로 기대될 때 이용한다. 좋은 부채는 결국 좋은 자산의 형태로 전환되며, 해당 자산을 팔면 언제든지 상환이 가능하다.

예를 들어 아파트를 구입하기 위한 주택담보대출에 대해 생각해 보자. 아파트는 가격 상승에 의한 수익은 물론 임대에 의한 수익을 생산할 수도 있는 좋은 자산이다. 따라서 이 경우 주택담보대출은 좋은 자산을 보유하기 위한 것이기 때문에 좋은 부채이다. 향후 수익이 실현된다면 그 동안 은행에 지불한 부채 비용을 모두 회수할 수도 있다. 또한 대출 원금은 소비되어 없어지지 않고 아파트의 형태로 모습을 바꾸어 가치를 유지한다. 따라서 빌린 돈을 모두 은행에 돌려주고 나면 아파트는 완전한 나의 것이 된다. 만약 약속한 기간 내에 대출을 상환할 수 없더라도 아파트를 팔아서 상환하면 된다. 바가지로 물을 빌려와 항아리에 옮긴 후 다시 바가지로 퍼서 빌린 물을 돌려줄 수 있는 것과도 같다. 이처럼 좋은 부채는 자산을 늘리는 데 도움이 된다.

반면에 나쁜 부채는 나쁜 자산을 보유하기 위한 것이다.

예를 들어 자동차를 구입하기 위한 할부대출에 대해 생각해 보자. 자동차는 수익을 생산하기는커녕 구입 즉시 가치가 감소하기 시작한다. 아주 나쁜 자산이다. 따라서 이 경우 할부대출은 나쁜 자산을 보유하기 위한 것이기 때문에 나쁜 부처이다. 또한 자산이 생산하는 수익이 전혀 없기 때문에 할부금융회사에 지불하는 비싼 대출 이자와 할부수수료는 회수할 수 없다. 바가지로 물을 빌려와 깨진 항아리에 옮겼다면 빌린 물을 돌려주기 위해서는 새로 물을 길어오거나 또 다시 물을 빌려와야 한다. 이처럼 나쁜 부채는 자산을 늘리는 데 큰 방해가 된다. 만약 아파트를 담보로 추가 대출을 받아서 자동차를 구입하는 데 사용했다면 이 역시 나쁜 부채이다.

소비를 위해 빌리는 돈도 나쁜 부채이다. 빌린 돈은 소비로 없어지고, 다른 자산을 처분하거나 돈을 벌어서 갚아야 한다. 부채 비용도 회수할 수 없다. 역시 자산을 늘리는 데 큰 방해가 된다.

사채업자나 대부업자에게서 빌리는 돈은 사용 목적에 관계 없이 나쁜 부채이다. 왜 그런지는 굳이 설명하지 않겠다. 막다른 길에 몰렸더라도 이런 곳에서 돈을 빌릴 때는 더욱 더 신중해야 한다.

결론적으로 자산을 늘리기 위한 부채는 좋은 부채이고, 이외의 부채는 나쁜 부채이다. 좋은 자산을 보유하기 위한 목적이 아니라면 가급적 돈을 빌리지 말아야 한다. 또한 좋은 자산이라도 기대와는 다르게 가치가 하락하거나 수익을 생산하지 못하는 경우도 생길 수 있다. 따라서 좋은 자산을 보유하기 위해 돈을 빌리는 경우에도 자산의 기대 수익과 예상되는 부채 비용 등을 고려하여 결정해야 한다. 과도한 부채는 지불 능력을 초과하는 부채비용을 발생시켜 개인의 금융상태를 매우 불안정하게 만들 수 있기 때문에 특히 주의해야 한다.

좋은 자산을 보유하기 위해 돈을 빌린다는 것은 돈을 빌려서 수익을 얻을 목적으로 투자를 한다는 말이다. 이때 투자 수익이 부채 비용을 제하고도 남으리라는 기대가 있어야만 이런 결정을 할 수 있다. 이것은 바꾸어 말하면 투자에 실패하여 빌린 돈을 잃거나 투자 수익이 기대한 만큼 발생하지 않는다면 문제가 생길 수 있다는 뜻이다.

흔한 예로 돈을 빌려서 주식에 투자하는 경우를 생각해 보자. 많은 수익을 얻는다면 빌린 돈을 모두 갚고도 수익을 남길 수 있다. 하지만 투자한 돈을 모두 잃는다면 빌린 돈을 돌려줘야 하는 의무만 남게 되며, 이는 매우 고통스러운 일이다. 따라서 스스로 판단하여 결과에 대한 확신이 있을 때만 투자 결정을 해야 한다. 또한 확신이 있더라도 예상과는 다른 결과가 생길 수 있기 때문에 항상 조심해야 한다.

사실 나는 거주 목적의 주택 구입을 위한 주택담보대출만이 유일한 좋은 부채라고 생각한다. 집을 살 때 말고는 굳이 남의 돈을 빌려서까지 투자를 해야 할 필요성을 느끼지 못한다. 또한 부채 없이 집을 살 수 있다면 그렇게 하는 게 현명한 방법이라고 생각한다.

물론 부채를 잘 이용해서 사업에 크게 성공했거나 주식 또는 부동산 등에 투자하여 큰 수익을 얻었기 때문에 부자가 된 사람들이 있다. 그리고 이러한 이유를 들어 돈을 빌려서라도 투자를 해야 빨리 부자가 될 수 있다고 말하는 사람들도 있다. 그들의 말이 틀리지는 않다. 하지만 이러한 시도를 한 사람들 10명 중 9명은 실패하며, 이들 중 3명은 재기할 수 없을 만큼 크게 실패한다는 사실은, 성공을 하는 사람이 있다는 것보다 훨씬 더 중요한 문제이다. 자기 돈을 투자하는 것도 모자라 남의 돈까지 빌려서 투자한다는 것은 그만큼 많은 욕심을 부린다는 뜻이다. 지나친 욕심은 투자자로 하여금 단기적인 결과에 집착하게 만들며, 판단력을 흐리게 한다. 결과적으로 실패 확률을 높인다. 투자에 성공한 사람들은 잘 알지 못하는 대상에는 투자하지 말라고 말한다. 즉 자신이 무엇에 투자하려고 하는지, 어떤 위험이 존재하는지 그리고 그 위험을 어떻게 관리할 것인지 등을 이해할 수 없다면 그 대상에는 투자하지 말아야 한다.

특히 남의 돈을 빌려서까지 투자하고 싶은 욕심이 생길 때는 이런 원칙을 더욱 철저히 지켜야 한다. 왜냐하면 남의 돈을 빌려서 투자를 하다가 실패하면 돈을 잃는 것으로 끝나는 게 아니라, 심한 경우 남은 인생을 담보 잡힐 수도 있기 때문이다. 어느 날 당신에게 평생 한 번만 있을 것 같은 좋은 투자 기회가 생긴다면, 그래서 빚을 얻어서라도 투자하고 싶은 생각이 든다면, 이것이 당신의 삶에 엄청난 충격을 가할 수도 있는 매우 위험한 상황이 될 수도 있다는 생각을 함께 해야 한다. 모험적인 투자는 남의 돈이 아닌 여윳돈으로 해야 한다. 여윳돈이란 모두 잃더라도 현재의 생활과 미래의 인생 계획에 별다른 영향을 주지 않는 돈을 말한다.

순자산

순자산이란 '빌린 돈(부채)'을 당장 돌려줄 때 남게 되는 '내가 가진 돈(자산)'이다. 따라서 '순수한 내 돈'이라고 정의할 수 있다.

● 자산에서 부채를 뺀 금액을 순자산이라고 부른다.

　순자산이 많다는 것은 자산이 부채보다 많다는 뜻이고, 순자산이 마이너스 상태이면 모든 재산(자산)을 팔아도 빚(부채)을 갚지 못한다는 뜻이다.

　'자산이 생산하는 수익 〉 부채 비용'의 상태가 지속되면 순자산은 증가한다. 반면에 '자산이 생산하는 수익 〈 부채 비용'의 상태가 지속되면 가난해진다. 따라서 충분히 저축하고, 저축한 돈을 좋은 자산에 투자하여 자산이 생산하는 수익이 부채 비용보다 많은 상태를 유지할 수 있도록 해야 한다. 그렇다고 '부채 = 0'의 상태가 반드시 좋은 것만은 아니다. 왜냐하면 좋은 부채를 적절히 이용하면 순자산을 늘리는 데 도움이 되기 때문이다. 가장 좋은 예가 주택담보대출을 받아서 집을 구입하는 경우이다. 적어도 지금까지는 돈을 빌려서 집을 구입한 후 나중에 빚을 갚는 방법이 자산을 늘리는 데 유리한 결과를 낳았다.

　예를 들어 당신이 2억 원의 아파트를 구입하기 위해 1억 원의 주택담보대출을 받았다고 가정해 보자. 이때 주택담보대출은 좋은 자산인 아파트를 구입하기 위해 사용하였으므로 좋은 부채이다. 연 5%의 이율로 5년 거치 후 일시에 상환하는 조건이라면 금리 변동이 없다는 가정 하에 5년간 2,500만 원의 이자를 지불하게 될 것이다. 만약 5년 뒤에 아파트 값이 3억 원이 된다면 1억 원의 시세 차익이 생기게 되므로 이자로 지불한 2,500만 원을 회수하고도 7,500만 원의 수익을 얻을 수 있다.

빌린 돈은 5년 동안 충분히 저축하여 갚으면 되고, 저축한 돈이 부족할 경우에는 그 사이 신용에 특별한 문제가 생기지 않았다면 일부만 갚고 대출 기간을 연장할 수도 있다. 양도소득세 비과세 요건을 충족하였다면 아파트를 팔아서 갚아도 7,500만 원의 수익은 여전히 당신의 것이 된다. 이때 실제로 투자한 돈은 2억 원이 아닌 1억 원이므로 5년 동안의 누적 수익률은 75%에 이르며, 이는 연평균 11.8%의 복리 수익률에 해당된다. 대출 이자 외에 부동산 중개수수료, 취·등록세, 이사비, 재산세 등 각종 부가적인 비용을 고려해도 복리 수익률은 연평균 10%에 이른다. 경우에 따라서는 부채 없이 구입할 때보다 오히려 수익률이 더 높게 나타날 수도 있다.

● 아파트를 2억 원에 구입하여 5년 후 3억 원이 될 경우

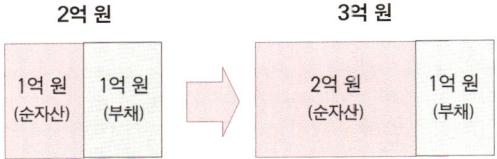

* 부채는 이자만 상환하며, 이자율 연 5% 가정

- 순자산 1억 원 증가
- 1억 원 시세 차익 발생
- 7,500만 원의 수익 발생(시세차익 1억 원 – 대출 이자 2,500만 원)
- 투자 원금 1억 원에 대한 누적수익률 75%(연복리 11.8%)

● 같은 조건에서 부채 없이 구입하는 경우

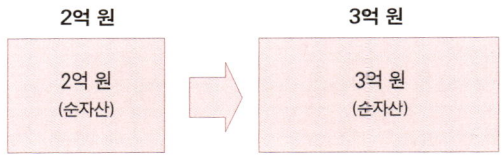

- 순자산 1억 원 증가
- 1억 원 시세 차익 발생
- 1억 원의 수익 발생
- 투자원금 2억 원에 대한 누적수익률 50%(연복리 8.4%)

    이처럼 좋은 부채는 적절히 이용하면 자산을 늘리기 위한 좋은 도구가 된다. 이를 '부채의 레버리지(지렛대)효과'라고 부른다. 지렛대를 이용하면 자신의 힘으로는 들어올릴 수 없는 무거운 짐을 옮길 수 있듯이, 부채를 지렛대 삼아 자신의 능력만으로는 구입하기 어려운 아

파트를 소유할 수 있다. 게다가 아파트 값 상승으로 인한 수익까지도 기대할 수 있는 것이다.

물론 아파트 값이 오르지 않거나 하락할 수도 있다. 만일 이것을 '위험'이라고 정의한다면, 아파트를 사지 않는다고 해서 이런 종류의 위험으로부터 자유롭지는 못하다. 왜냐하면 나중에 아파트 값이 많이 올라 대출을 받아도 사기 어려운 상황이 된다면 이 역시 '위험'이기 때문이다. '위험'이 아예 없는 예외적인 경우는 '내 집 마련'의 목표가 중요하지 않거나 돈에 맞추어 적당한 집을 구입하면 된다는 생각을 할 때뿐이다. 따라서 어떤 위험의 발생 확률이 좀 더 높을지 그리고 어떤 위험이 당신에게 좀 더 좋지 않은 영향을 주게 될지를 판단하여 부채의 이용 여부를 결정해야 한다. 거주 목적의 아파트 구입을 사례로 들었지만 순자산을 늘리기 위해 부채를 이용하는 모든 투자에 동일한 원리를 적용할 수 있다.

그렇다면 순자산을 늘리기 위해 가장 빠른 방법은 부채를 이용하는 것일까? 그렇지는 않다. 충분히 저축하여 저축한 돈을 지속적으로 좋은 자산에 투자하는 게 가장 중요하다. 좋은 자산이 늘어나면 늘어날수록 자산이 생산하는 수익이 늘어나기 때문에 순자산의 증가 속도는 점점 빨라진다.

자산 증식에도 일종의 가속도의 법칙이 작용한다. 결국 핵심은 다시 원점으로 돌아간다. 부자가 되려면 충분히 저축하고, 복리 투자를 지속해야 한다.

부채를 이용한 주택 구입을 꼼꼼히 따져보자

주택담보대출, 이용할까 말까

대부분의 사람들은 내 집 마련을 위해 주택담보대출을 받는다. 그뿐만 아니라 내 집을 마련한 이후에도 더 좋은 집으로 옮기기 위해 또다시 대출을 이용한다. 그리고 한편에서는 앞으로 집값이 떨어질 지 아니면 계속 오를 지에 대한 결론 없는 논쟁을 하고 있으며, 최근 금융 위기와 경기 침체로 더욱 과열되고 있다. 하지만 이런 종류의 논쟁은 사실 새로운 것은 아니다. 10년 전에도, 20년 전에도 사람들은 같은 논쟁을 하였으며, 그게 아직까지 계속되고 있을 뿐이다. 일부 재테크 전문가나 경제 전문가는 10년 전부터 부동산 거품 붕괴를 주장해 왔으면서도 이제 와서 부동산시장이 크게 불안해지자 자신들의 주장이 맞지 않냐고 말하기도 한다.

최근 주식시장의 호황에 힘입은 금융회사들은 10년 또는 20년 전부터 우량 주식을 구입하여 계속 보유했다면 동일한 기간 동안 강남의 부동산을 보유했을 때보다 훨씬 많은 수익을 얻었으리라고 말한다. 또 한편에서는 우리나라의 부동산시장도 머지 않아 일본처럼 폭락한 후 장기적인 침체에 빠질 수 있다고 주장한다. 그래서 이제 부동산에 투자하기 보다는 주식이나 펀드에 투자하는 게 장기적으로는 훨씬 더 유리할 것이라고도 말한다.

하지만 이런 논쟁과는 상관없이 지금까지 대한민국에서는 어느 정도의 종잣돈이 마련되면 대출을 받아서 우선 집을 구입한 후 대출을 갚아나가는 게, 시기를 미루고 대출 없이 구입하는 것보다 유리한 결과를 낳았다. 저축만으로 집을 사기에는 집 값의 상승 속도가 너무 빨랐기 때문이다. 그뿐만 아니라 내 집 마련의 문제를 떠나서 집 한 채 빼면 사실상 아무것도 가진 게 없는 중산층 이하 서민들의 자산 증식 측면에서도 집은 매우 좋은 투자 대상이었다. 집을 구입한 후 장기간 거주하면서 큰 폭의 가격 상승을 경험한 사람들은 주변에서 쉽게 찾아 볼 수 있지만, 우량 주식을 10년 이상 장기간 보유하여 강남의 부동산보다 높은 수익을 얻었다는 사람들은 쉽게 찾아 보기 어렵다는 점도 이러한 사실을 증명한다. 사실 우량 주식이라는 것도 결과론적인 이야기일 뿐이다. 십 수년 전 우량하다고 평가 받았던 많은 기업이 지금은 사라졌으며, 이런 기업의 주식에 투자했던 사람들은 많은 것을 잃었다. 만일 집도 주식처럼 사고 팔기가 쉬웠다면 결과는 달라질 수도 있었겠지만 현실은 분명히 그렇지 않다. 그리고 집 값이 떨어질 것이라는 말을 믿고 오랜 시간을 기다린 사람들은 이제 빚을 얻어도 사기 어려울 만큼 많이 오른 집 값을 보면서 대상 없는 원망을 하고 있으며, 새 아파트 분양에 당첨되기를 간절히 고대했지만 행운을 얻지 못한 많은 사람은 헌 아파트라도 일찍 사두지 못한 것에 대해 후회하고 있다. 그리고 지금은 부동산 대세 하락이라는 말과 정부의 주택 공급 정책을 다시 한번 믿어 보려 한다.

그렇다면 앞으로는 어떨까? 대출을 받아서 우선 집을 구입해야 하나, 아니면 부동산시장의 장기적인 침체가 예상되므로 집 값이 마련될 때까지 계속 저축하고 기다리는 게 좋을까? 또는 차라리 계속 전세나 월세로 거주하는 게 유리할까? 이 정답 없는 문제에 대해 고민하기 전에 '내 집'이 갖는 의미에 대해 먼저 생각해 보자.

나는 10년 전쯤 어느 라디오 프로그램에서 들었던 집과 관련된 에피소드 한 가지를 기억한다. 어떤 남자가 보낸 사연이었다. 사연의 주인공은 결혼하고 15년 만에 집을 장만했는데, 이사 첫날 밤 부인이 잠을 자다 말고 갑자기 흥얼거리며 콧노래를 부르길래 잠자리가 바뀌어 잠을 설치는가 싶어 말을 걸었다고 한다. 그러나 아무런 대꾸가 없어 부인을 바라보니 미소 띤 얼굴로 잠꼬대를 하고 있더라는 것이다. 순간 그 동안 많이 고생한 부인에게 너무 미안한 마음이 들었고, 늦었지만 지금이라도 내 집을 갖게 된 게 정말 다행스럽다는 생각이 들었다고 한다.

'내 집'은 부동산이기 이전에 소중한 보금자리이다. 가족들과 편히 쉬고, 먹고, 잠들 수 있는 둥지이며, 그래서 감히 다른 누가 침범하는 것을 용납할 수도 없다. 전세금 오르는 것을 걱정할 필요도 없으며, 때만 되면 이사를 가기 위해 짐을 쌀 필요도 없다. '내 집'은 곧 편안함이며, 다른 무엇과도 쉽게 바꿀 수 없는 가치를 지닌다. 특히 늙고, 힘들고, 병들었을 때 '내 집'은 더없이 소중하게 느껴진다. 작고 낡은 집이라고 그 가치까지 작지는 않다. 도시개발사업 때문에 집을 빼앗긴 어느 할머니가 "다 쓰러져 가는 집이지만 그래도 내 집이라서 자식들 잘 키우고, 평생 걱정 없이 살았는데 이제 와서 어디를 가란 말이냐?"라며 TV 뉴스에서 울부짖던 모습은 집의 좋고 나쁨을 떠나 '내 집'이 얼마나 소중한지를 충분히 설명한다.

그뿐만 아니라 '내 집'은 은퇴를 대비한 좋은 투자 대상이기도 하다. 대부분의 평범한 사람들은 은퇴할 때 집 한 채와 넉넉치 않은 금융자산을 보유하게 된다. 집 한 채가 전 재산인 사람들도 많이 있다. 이런 이유 때문에 많은 은퇴자들이 가난 아닌 가난을 겪게 되며, 생계를 위해 다른 일을 찾는다. 건강하지 못하다면 더욱 큰 어려움을 겪게 된다. 이도 저도 안되면 생활 자금을 확보하기 위해 현재의 집을 팔고 값이 싼 다른 집을 구입하거나 전세를 얻어서 이사를 한다. 최근에는 주택을 담보로 부부가 모두 사망할 때까지 평생 연금을 받을 수 있는 주택연금(정부 보증 역모기지론)제도가 시행되어 이를 이용하는 사람들도 늘고 있다. 이처럼 '내 집'은 은퇴 후 최후의 경제적 보루, 즉 은퇴 후의 삶에 가장 큰 영향력을 행사하는 1순위 자산이며, 타인의 간섭 없이 직접 사용하면서도 가격 상승에 의한 수익을 기대할 수 있는 자산이다.

요약하면 '내 집'이 갖는 의미는 크게 두 가지이다. 하나는 보금자리, 즉 거주 공간으로서의 집이고 또 다른 하나는 부동산, 즉 수익을 얻기 위한 투자 대상으로서의 집이다. 사람들이 '대출을 받아서 집을 구입하는 게 유리할까?'라는 문제에 대해 고민을 하는 이유는 집을 투자 대상으로 생각하는 경향이 강하고 그래서 향후 주택 시장의 전망에 따라 다른 선택을 해야 한다고 믿기 때문이다. 또한 집을 투자 대상이 아닌 거주 공간으로만 생각하는 사람이라도 교육 환경, 교통 문제, 생활 편의, 쾌적함, 치안 문제 등 주택 가격에 영향을 주는 환경 요인들을 무시하지 못한다면 같은 고민을 할 수밖에 없다. 왜냐하면 주거 환경이 좋은 집일수록 부동산으로서의 투자 가치가 높기 때문에 이미 가격이 많이 올라 있고, 앞으로도 오를 가능성이 크기 때문이다.

그렇다면 어느 정도의 종잣돈은 마련했지만 아직 집을 장만하지 못한 사람은 지금이라도 대출을 받아서 우선 집을 구입하는 게 좋을까? 아니면 주택 값이 떨어질 때까지 더 기다려야 할까? 이에 대한 결론을 얻기 위해 몇 가지 상황을 가정해 보자.

① 대출을 받아서 집을 샀는데 집 값이 오른다.
- 긍정적: 거주 공간으로서의 집, 투자 대상으로서의 집
- 부정적: 없음

② 대출을 받아서 집을 샀는데 집 값이 떨어진다.
- 긍정적: 거주 공간으로서의 집
- 부정적: 투자 대상으로서의 집

③ 집 값 하락을 예상하고 사지 않았는데 집 값이 떨어진다.
- 긍정적: 거주 공간으로서의 집, 투자 대상으로서의 집
- 부정적: 없음

④ 집 값 하락을 예상하고 사지 않았는데 집 값이 오른다.
- 긍정적: 없음
- 부정적: 거주 공간으로서의 집, 투자 대상으로서의 집

이들 중 좋은 경우는 ①번과 ③번이며, 두 상황은 동시에 발생하지 않는다(시간 차를 두고 두 상황이 모두 발생할 수는 있다.). ①번의 상황을 기대할 경우 ②번의 위험을 감수해야 하며, ③번의 상황을 기대할 경우 ④번의 위험을 감수해야 한다. 두 위험 역시 동시에 발생하지 않는다. 사람들이 집을 살 때 고민하는 이유는 돈이 부족해서이기도 하

지만 ②번 또는 ④번의 경우가 생길 것을 우려하기 때문이다. ②번은 집을 샀을 때 발생할 수 있는 위험이고, ④번은 집을 사지 않았을 때 발생할 수 있는 위험이다. 결국 두 가지 위험 중 어떤 게 본인에게 더 좋지 않은지 생각해 본다면 스스로 어떤 결정이든 할 수 있을 것이다. 물론 위의 4가지 상황 이외에 다른 결과가 나타날 수도 있다고 생각한다면 이 역시 고려해야 한다.

나는 이 문제에 대해 어떤 결론을 제시하기보다는 내가 집을 구입할 때 했던 결정에 대해서만 간단히 언급하려 한다. 이것은 나의 사례이며, 다른 사람들도 같은 선택을 해야 한다고는 생각하지 않는다.

나는 ①번의 상황을 기대하며 내 집을 마련했다. 즉 ②번의 위험을 감수하기로 결정한 셈이다. 향후 교육 여건이나 거주 여건이 좀 더 좋은 집으로 이사할 계획이 있으므로 그때에도 같은 선택을 할 것이다. ②번의 위험이 실제로 발생한다면 수익은 포기해야겠지만 '내 집'이 제공하는 편안함은 얻을 수 있다. 햇빛이 들지 않는 다가구주택 전셋집에서 신혼 생활을 해본 사람이라면 이 편안함의 가치가 얼마나 큰 것인지 알 수 있을 것이다. 부채 비용을 계속 지불해야겠지만 편안함에 대한 대가로 생각할 수 있으며, 적어도 전세로 거주하면서 겪게 되는 집 주인의 전세금 인상 요구나 이사 문제 때문에 고민할 필요는 생기지 않는다.

만약 ③번의 상황을 기대하고 집을 사지 않았는데 ④번의 위험이 발생한다면 편안함도 없으며, 수익도 없다. 그리고 대출을 받아서라도 집을 구입해야 하는지에 대한 고민을 계속 해야 한다. 더 큰 문제는 집을 구입하기 위해 이전보다 더 많은 대출을 받아야 하거나 대출을 받아도 구입하기 어려운 상황이 생길 수 있다는 점이다. 나는 ④번의 위험을 선택하는 게 나와 나의 가족에게 더 좋지 않은 결과를 초래할 수 있다고 판단했기 때문에 ②번의 위험을 선택했다.

향후 내가 기대하는 '내 집'의 가격상승률은 물가상승률 또는 다른 집들의 평균적인 가격상승률과 비슷한 정도를 장기간 유지하는 것이다. 부채 비용과 세금 등을 제외한 후에도 이 정도의 가격상승률을 유지할 수 있다면 더없이 좋으리라고 생각한다. 집을 이용해서 돈을 벌고 싶은 생각은 없으며, 투자 목적의 추가적인 집을 보유할 생각도 없다. 다만 다른 집의 가격은 오르는데, 내 집의 가격이 하락하는 것은 결코 원치 않는다. 그뿐만 아니라 모든 집의 가격이 하락하더라도 내 집의 가격이 더 많이 하락하는 것도 원치 않는다. 노후를 생각한다면 이는 매우 신경 쓰이는 문제이다.

일본의 예를 들며 부동산 가격이 폭락할 것을 걱정하는 사람들도 있지만 이런 일이 실제로 발생한다면 주식시장을 포함한 다른 자산시장도 안전하지 못할 것이다. 실제로 일본의 경우에도 부동산시장이 폭락하기 전 주식시장이 먼저 폭락했으며, 많은 기업과 금융회사가 도산했다. 이런 경험을 한 일본인 중 일부 은퇴자나 보수적인 사람들은 예금 이율이 0%에 가까운 은행에 돈을 맡기기보다는 철제 금고를 집에 두고 현금으로 보유하고 있는 경우가 많다고 한다. 일본

정부는 각 가정이 이런 식으로 보유하고 있는 현금의 규모를 추산조차 못하고 있는 실정이다.

한 나라의 경제 시스템은 한두 가지의 독립적인 변수가 아닌 서로 뒤엉킨 수많은 변수에 의해 작동되기 때문에 한가지 변수에 갑자기 치명적인 문제가 생긴다면 다른 것들에도 연쇄적인 문제가 발생할 가능성이 높다. 우리나라도 90년대 말 외환위기를 겪으면서 이런 현상을 이미 경험하였고, 최근의 전세계적인 금융위기로 인해 또다시 경험하고 있다. 따라서 부동산의 투자 비중을 줄이고 금융자산의 비중을 늘리라는 말은, 모든 돈을 부동산에만 투자한 경우 또는 부동산의 비중이 지나치게 높은 경우에 투자 위험을 분산해야 한다는 측면에서는 맞는 말이지만 부동산 가격 폭락에 대비한 선택은 되지 못한다. 이에 대비한 가장 좋은 방법은 아무것에도 투자하지 않고 돈을 현금으로만 보유하는 것이다. 더구나 집을 한 채만 보유한 대부분의 중산층 서민들에게는 부동산의 비중을 줄일 수 있는 방법이란 현재의 집을 파는 것밖에 없기 때문에 더더욱 적용하기 어렵다.

하지만 부동산시장이 장기적으로 침체할 가능성을 아예 무시할 수는 없다. 그리고 최근 주택 시장의 거품과 침체 가능성에 대해 경고하는 사람들의 논리에는 상당 부분 공감할만한 점들이 있으며, 솔직히 말하면 나 역시 최근의 집값이 터무니없다는 생각을 할 때가 종종 있다. 투자에 대한 결정은 자유롭게 할 수 있지만 그 결과까지 통제할 수는 없기 때문에 투자하기 전에 발생 가능한 위험에 대해 먼저 생각하고 이를 어떻게 관리할 것인지 고민해야 한다. 특히 집은 한 번 구입하면 장기간 보유해야 하며, 평생에 한두 번 구입하는 것으로 모든 결정이 끝나버릴 수 있기 때문에 집을 구입할 때는 좀 더 신중할 필요가 있다. 따라서 집을 구입하기 전 충분히 고르고 골라 향후 값이 오를 만한 집을 구입해야 하며, 주택 시장의 침체 때에도 다른 집들에 비해 하락 폭이 적을 것으로 기대되는 집을 구입해야 한다. 물론 말처럼 쉬운 일이 아니다. 하지만 '내 집'은 은퇴 후 최후의 경제적 보루가 될 수도 있다고 생각한다면 결코 단순하게 생각할 수 없는 일이기도 하다. 이런 점에서 보면 적어도 작은 집에서 큰 집으로 늘려가는 주택 구입 전략은 더 이상 옳지 않아 보인다. 현재 큰 집을 가지고 있는 사람들의 경우에도 향후에는 집을 줄여나가는 전략이 장기적으로 보면 안전해 보인다.

나는 주거환경과 교통여건이 괜찮은 지역에 위치한 전용면적 $59.5m^2$(18평)~$85m^2$(25.7평)의 중소형 아파트가 가장 좋은 주택 구입의 대상이라고 생각한다. 특히 3~4인 가족이 거주하기에 무리 없는 소형 아파트가 가장 좋다고 생각하며, 중소형 빌라도 괜찮다고 생각한다. 내가 이렇게 생각하는 이유는 다음과 같다.

나를 포함한 많은 사람이 아파트를 선호한다. 하지만 아파트를 원하는 사람들의 수에 비해 아직도 아파트의 공급량은 많이 부족하다. 특히 중소형 아파트는 대형 아파트나 다른 주택에 비해 상대적으로 실수요자가 많다. 그러나 저출산으로 인한 젊은 층 인구의 감소와,

외아들 또는 외동딸로 자라 결혼한 후 양쪽 부모로부터 주택을 상속받는 경우가 많이 생길 것이기 때문에 중소형 주택 수요가 계속 줄어들리라고 보는 시각도 있다.

하지만 다른 한편으로는 퇴직 연령은 짧아지는 반면 수명은 길어지고 있기 때문에 현재 대형 주택을 보유한 중장년 층 인구가 길어진 은퇴 기간의 생활비와 의료비 문제 등을 해결하기 위해 은퇴 후에는 현재의 집을 팔고, 작은 집으로 옮기려 할 가능성 또한 크다. 따라서 지금까지 중소형 아파트는 젊은 층이 경쟁하는 시장이었고, 대형 아파트는 어느 정도 자산을 형성한 중장년 층이 경쟁하는 시장이었다면, 향후에는 중소형 아파트 시장에서 젊은 층과 노년 층이 함께 경쟁하게 될 가능성을 배제할 수 없다(노인들만 거주하는 실버타운에 대한 수요가 많이 늘어나면 다른 현상이 생길 수도 있다. 하지만 나는 늙어서 노인 전용 거주 시설에 들어가고 싶은 생각이 별로 들지 않는다. 젊은 사람들과 함께 이웃을 이루며 살고 싶다. 그리고 내가 살던 곳에서 멀리 떠나고 싶지도 않다. 당신은 어떤가? 당신의 생각도 나와 같다면 실버타운은 거동이 불편할 정도로 병들지 않는 이상 많은 노인들에게 그다지 매력적인 생활의 장소가 아닐 것이다.).

그뿐만 아니라 최근 건설사들은 아파트를 건축하면서 수지를 맞추기 위해 중소형 아파트의 공급량을 의도적으로 줄이는 경향까지 보이고 있다. 그만큼 중소형 아파트의 희소 가치는 지금보다 증가할 가능성이 있다. 따라서 주거 여건이 괜찮은 지역에 위치한 중소형 아파트의 가격은 당분간 쉽게 하락하지 않을 것이고, 주택 시장이 장기간 침체되더라도 대형 아파트나 다른 주택에 비해 충격이 적을 것이라고 생각한다.

　나는 부동산 불패론자도, 아파트 신봉론자도 아니다. 우리 가족이 마음 편히 쉬고 잠들 수 있는 보금자리를 원할 뿐이며, 현재로서는 아파트가 가장 적절하다고 생각할 뿐이다. 또한 같은 집이라면 부동산으로서의 투자 가치가 좀 더 좋은 집을 갖기 위해 고민해야 한다고 생각한다.

　그러나 향후 주택 시장이 나의 예상과는 현저히 다르게 흘러간다면, 어느 시점에서는 자산 가치를 최대한 보존하기 위해 집을 팔고 남의 집 살이를 다시 할 생각도 하고 있다. 개구리를 끓는 물에 넣으면 튀어 나오려고 하지만 찬물에 넣고 끓이기 시작하면 서서히 죽어간다. 환경이 변해가는데 이를 무시하고 고집을 부린다면 서서히 죽어가는 개구리의 신세가 될 수도 있다.

　나는 최근 서울시와 SH공사가 장기전세주택 공급 사업을 시작하면서 내세우는 "집은 '사는 것'에서 '사는 곳'으로 바뀝니다."라는 말이 진심으로 마음에 든다. 그리고 나의 딸에게는 집을 가지고 경쟁하지 않는 세상을 물려 주고 싶기도 하다. 하지만 이런 인식이 대부분의 사람들에게 보편적으로 받아들여지고, 실제로 행동으로 이어지지 않는 이상 집을 구입할 때 부동산으로서의 투자 가치를 무시하기는 어려울 것이다.

주택담보대출은 어떤 게 좋을까

주택담보대출은 상환하는 방식에 따라 매월 이자만 지불하다가 만기 때 원금을 일시에 상환하는 '만기일시상환 방식'과 매월 이자를 지불하면서 원금의 일부도 함께 상환하는 '원리금(또는 원금)균등분할상환 방식' 등으로 구분한다. 또한 이율을 적용하는 방식에 따라 대출 당시 이율을 확정하여 만기 때까지 동일한 이율을 적용하는 '고정금리 방식'과 금리 변동에 따라 다른 이율을 적용하는 '변동금리 방식' 등으로 구분하며, 두 가지 방식을 섞은 '혼합금리 방식'도 있다.

고정금리 방식은 향후 금리 변동의 위험을 대부자(돈을 빌려주는 자)가 떠안는 방식이고, 변동금리 방식은 향후 금리 변동의 위험을 대출자(돈을 빌리는 자)가 떠안는 방식이다. 따라서 대출 당시의 이율은 고정금리 방식이 좀 더 높은 편이다. 왜냐하면 대부자가 위험을 떠안는 대신 대출자에게 이에 대한 대가를 좀 더 요구하기 때문이다.

어떤 방식이 더 유리한지는 향후 금리 전망에 따라 달라지겠지만, 장기적인 금리 예측은 주가 예측만큼이나 어려운 문제이다. 따라서 향후 금리 변화를 예측하여 선택하려고 하기보다는 본인의 상환 능력을 고려하여 결정하는 게 좀 더 현실적인 선택이 될 수 있다. 예를 들어 3년 이내에 대출 원금을 모두 상환할 수 있다면 변동금리 방식을 선택하고, 그렇지 못하다면 고정금리 방식을 선택하는 식이다. 즉 조기 상환이 가능하다면 그만큼 금리 상승의 위험에 적게 노출되기 때문에 대출 당시 상대적으로 낮은 이율을 적용하는 변동금리 방식을 선택하고, 조기 상환이 어렵다면 고정금리 방식을 선택한다. 5년 또는 10년 이상 장기적인 계획으로 대출을 받는 경우 변동금리 방식을 선택했다가 향후 금리가 하락하면 이득을 보겠지만 반대로 금리가 상승하면 이자 상환에 큰 어려움을 겪게 된다. 따라서 이때는 금리 하락에 의한 이득을 생각하기보다는 금리 상승에 의한 위험을 회피하는 게 좀 더 마음 편한 선택이 될 수 있다.

만약 고정금리 방식을 선택한 후 금리가 계속 하락하여 대출 당시의 금리와 현재의 금리 사이에 큰 차이가 생겼다면(금리가 큰 폭으로 떨어진 상태라면), 새로운 대출로의 변경을 고려해 볼 수 있다. 이때는 대출을 갈아타면서 발생하는 추가 비용과 이자 절감액 등을 따져 본 후 결정해야 한다.

주택담보대출은 어느 정도로 받을까

그러면 집을 구입할 때 어느 정도의 주택담보대출을 받는 게 적당할까?

이 문제에 대한 결론을 얻기 위해서는 두 가지를 고려해야 한다. 하나는 '주택의 가치(가격) 대비 대출 원금의 비율'이고 또 다른 하나는 '대출자의 수입(소득) 대비 지불해야 하는 대출 원리금의 비율'이다. 전문용어로 전자를 LTV(Loan to Value, 주택담보대출비율)라고 하며, 후자를 DTI(Debt to Income, 총부채상환비율)라고 한다(원래 이 두 가지는 금융회사에서 대출자에게 돈을 빌려줄 때 대출 한도를 결정하기 위한 심사 기준으로 사용하는 용어이다. 하지만 여기서는 대출자의 입장에서 생각해 보도록 하자.).

사람들이 LTV와 DTI 중 어느 것이 더 중요하냐고 묻는 경우 나는 DTI가 더 중요하다고 대답한다. 이유는 다음과 같다.

매월 상환하는 대출 원리금은 고정 비용이다. 고정 비용이란 말 그대로 매월 고정적으로 지불해야 하는 돈이며, 수입이 줄어들거나 중단되어도 지불해야 한다. 만약 약속된 날짜에 지불하지 못하면 문제가 발생하며, 이런 일이 반복되면 최악의 경우 금융회사에 의해 집이 경매 처분 될 수도 있다. 따라서 맞벌이 가정이 외벌이 가정으로 전환되는 등 수입이 줄어들어도 큰 어려움 없이 대출 원리금을 지불할 수 있는 수준에서 DTI를 결정해야 하며, 실직을 하거나 몸이 아파 쉬게 되어 수입이 일시적으로 중단될 경우에 대비해 몇 달치라도 지불할 수 있도록 충분한 예비자금을 확보하고 관리할 수 있어야 한다.

구체적으로 나는 사람들에게 다음의 두 가지 조건을 모두 만족할 수 있는 수준에서 대출 원리금 지불액을 결정할 것을 권한다.

① 매월 지불하는 대출 원리금은 평균적인 실질 수입(소득세, 국민연금 등을 제외한 후의 수입) 대비 최고 30%를 넘지 않는 게 좋다.
② 매월 지불하는 대출 원리금은 부채가 전혀 없을 때 저축할 수 있는 돈의 최고 50%를 넘지 않는 게 좋다. 즉 부채가 전혀 없을

때 최대 저축 가능한 돈의 절반 이상은 대출을 상환하면서도 계속 저축할 수 있어야 한다.

예를 들어 평균적인 실질 수입이 월 300만 원이고, 이중 100만 원을 저축할 수 있는 사람이라면 대출 원리금 지불액을 다음과 같이 결정한다.

① 300만 원의 30%인 90만 원을 넘지 않도록 한다.
② 100만 원의 50%인 50만 원을 넘지 않도록 한다.

두 가지 조건을 모두 만족하는 수준은 50만 원이다. 따라서 매월 지불해야 하는 대출 원리금이 최고 50만 원을 넘지 않도록 대출을 받는다. 이미 다른 종류의 부채가 있다면 다른 부채의 원리금 상환액도 포함하여 계산해야 한다.

맞벌이 가정 중 자녀 양육 등의 문제로 언제든지 외벌이 가정으로 전환될 가능성이 크다면 앞서 내가 제시한 조건은 가장의 수입(또는 주된 수입원)에만 맞춘다. 맞벌이 수입에 맞추어 대출 원리금을 결정해 버리면, 외벌이 가정으로 전환되었을 때 과도한 상환 부담으로 어려움을 겪게 된다. 이 경우 빚 때문에 할 수 없이 계속 맞벌이를 해야 하는 상황도 생길 수 있다.

맞벌이 가정 중 3년 후, 5년 후 등 배우자의 퇴직 시기를 계획할 수 있는 상황이라면 내가 제시한 조건보다 좀 더 높은 수준에서 대출 원리금 지불액을 결정할 수 있을 것이다. 그 대신 맞벌이를 하는 동안 퇴직하려는 배우자의 수입은 최대한 저축하고, 목돈이 될 때마다 원금의 일부를 중도에 상환하여 매월 지불하는 대출 원리금의 부담을 줄여 나가야 한다.

대출을 상환하는 대부분의 기간 동안 맞벌이를 할 수 있는 상황이고, 그래서 맞벌이 수입에 맞추어 대출 원리금 지불액을 결정하려고 한다면 내가 제시한 조건보다 좀 더 낮은 기준을 적용할 것을 권한다. 확신에 찬 결정도 중요하지만 예상치 못한 상황도 함께 고려해야 한다.

과도한 대출 원리금 때문에 저축을 전혀 못하는 상황이 되면 곤란하다. 어차피 주택담보대출을 상환하는 게 저축을 하는 것과 같지 않냐고 생각하는 사람도 있지만 빚을 갚는 것과 저축을 하는 것은 분명히 다르다. 전자는 남을 위해 투자하는 것이고, 후자는 나를 위해 투자하는 것이다. 주택을 구입하는 게 삶의 유일한 목적이 아닌 이상 자녀의 교육 자금이나 노후 자금 등 다른 목적을 위해서도 장기간 투자할 수 있어야 한다. 거주하는 집은 가격이 아무리 올라도 팔기 전까지는 그냥 깔고 앉아야 하는 집일 뿐이다. 저축을 전혀 하지 못한다면 가진 돈을 전부 부동산에만 투자하는 꼴이기 때문에 분산 투자 차원에서도 금융자산의 비중을 계속 늘려야 한다. 그리고 금융자산이 불어나 목돈이 될 때마다 향후 지출 계획 등을 검토하여 적정한 선에서 부채의 일부를 중도 상환해 나가는 게 좋다. 이미 주택담보대출을 받아 집을 구입한 사람도 같은 조건을 적용하여 계산해 보고 현재 지불하는 대출 원리금이 조건 금액을 초과하는 상태라면 목돈이 마련될 때마다 원금의 일부를 상환하는 등 대출 원리금 수준을 낮출 수 있도록 노력해야 한다. 만약 저축도 전혀 못하고, 대출 원리금을 지불하기 위해 때때로 다른 곳에서 돈을 빌리기까지 해야 하는 상황이라면 현재의 집을 처분하고 값이 싼 다른 집을 구입하는 것에 대해 심각하게 고민해야 한다. 이런 집은 '내 집'이라기 보다는 매우 비싼 '월셋집'과도 같다. 비싼 월셋집에 거주하느니 차라리 전세로 옮기는 편이 낫다.

LTV와 관련해서는 대출 원금은 집 값의 최고 40%를 넘지 않는 게 좋다.

예를 들어 3억 원의 아파트를 구입한다면 주택담보대출은 집 값의 최고 40%인 1억 2,000만 원 이내에서 받는다. 만약 7%의 고정금리로 1억 2,000만 원을 빌려 원리금 균등 분할 방식으로 상환한다면, 대략 만기에 따라 월 139만 원(10년 만기, 총이자 4,700만 원) 또는 매월 108만 원(15년 만기, 총이자 7,400만 원) 또는 매월 93만 원(20년 만기, 총이자 1억 300만 원)을 지불해야 한다. 동일한 금리라도 만기가 길어지면 매월 지불해야 하는 원리금은 줄어든다. 하지만 전 기간 동안 지불해야 하는 이자는 당연히 많아지며, 대출 기간에 따라 금융회사에서 적용하는 금리도 차이가 날 수 있다.

  이런 방식으로 LTV와 DTI를 계산해 본 후 얼마의 대출을 받을 것인지, 그리고 만기는 몇 년으로 할 것인지 최종 결정한다.

  LTV가 과도하게 높다면 당연히 DTI도 함께 높아지기 때문에 문제가 되지만 가장 큰 문제는 주택 가격 하락 때에 발생한다.

  예를 들어 3억 원의 집을 구입하는 데 2억 원의 주택담보대출을 받았다고 가정해 보자. 향후 집 값이 2억 원 밑으로 떨어지면 부채가 집값을 초과하는 상황이 된다. 이쯤 되면 집은 투자 가치를 일찌감치 상실하게 되며, 비용만 발생시키는 애물 단지가 되고 만다. 집을 팔아도 남은 부채를 모두 상환할 수 없는 상황에서 내 집이 제공하는 편안함의 가치 운운하기에는 많은 인내력이 필요할 것이다. 상상하기도 싫은 일이지만 향후 주택 시장이 장기간 침체된다면 이런 상황은 발생할 수 있다. 실제로 일본에서는 80년대 후반까지만 해도 영원히 치솟을 것만 같았던 부동산 가격이 폭락하면서 주택 가격 역시 1990년 이후 폭락에 폭락을 거듭하여 절반 이하로 추락하였다. 그리고 20년이 지나도록 회복될 기미를 보이지 않고 있다. 그 결과 많은 사람이 파산을 하거나 집 값을 초과하는 주택담보대출을 아직도 계속 갚고 있다. 최근 우리나라도 미분양 아파트의 증가로 인해, 여러 건설회사와 금융회사가 경쟁적으로 뛰어든 프로젝트 파이낸싱 사업의 부실화가 장기간 지속되면서 이미 부동산시장에 시한폭탄이 작동

되었다는 경고의 목소리도 나오고 있다. 따라서 과도한 대출을 이용해 집을 구입하는 것은 결코 바람직하지 않다.

다만 수입이 많은 사람이라면 현재까지 모아둔 돈이 많지 않더라도 40%보다 좀 더 높은 LTV를 고려해 볼 수도 있다. 왜냐하면 수입이 적은 사람에 비해 좀 더 빨리 대출 원금을 줄여나갈 수 있기 때문이다.

만약 어떤 집이 정말 마음에 들어서 무리하게 많은 대출을 받아서라도 꼭 구입하고 싶은 생각이 든다면 단단히 각오해야 한다. 대출 원금을 일정 수준 이하로 줄일 수 있을 때까지 악착같이 절약하고 저축해서 갚아 나가야 한다. 이 정도의 각오가 없다면 어느 순간 집은 발목을 잡는 족쇄가 될 수도 있다.

미국의 서브프라임 모기지 사태는 과도한 LTV와 이에 따른 지나친 DTI, 그리고 금리 상승과 경기 침체 등이 총 망라된 부실의 합작품이다. 심지어 미국의 금융회사들은 경쟁적으로 집 값보다도 많은 대출을 해주기까지 했다. 현재 많은 미국인들이 매월 주택담보대출 원리금을 지불하고 나면 남는 게 없거나 또 다른 빚을 얻어서 지불해야 하는 위태위태한 삶을 살고 있다. 이런 와중에 금리 상승, 실업, 실질소득 감소 등이 원인이 되어 대출 이자의 부담을 견디지 못한 많은 사람이 금융회사에 집을 빼앗기고 거리로 내몰리고 있는 것이다. 이는 비우량 주택담보대출자들뿐 아니라 과도한 대출을 받아 집을 구입한 모든 사람들이 함께 겪고 있는 문제이다.

목에 찰 정도의 깊은 물에 빠지면 물이 조금씩 출렁거릴 때마다 숨을 참아야 한다. 또 물이 조금만 불어나도 목숨을 잃게 된다. 이럴 때를 대비해 열심히 수영을 배우는 것도 중요하다. 하지만 이런 깊은 물에 빠지지 않도록 조심하는 게 이브다 더 중요하다.

제5장

실전 투자 관리

투자는 마라톤이다

부자가 되려면 충분히 저축하고, 복리 투자를 지속해야 한다.

나는 앞서 복리 투자를 투자 행위 자체로서 이해해야 한다는 점을 강조했다. 즉 투자 원금에서 발생된 수익을 다시 원금과 함께 반복(또는 계속)해서 투자하는 행위가 복리 투자이다. 또한 복리의 마법을 경험하기 위해서는 충분한 시간이 필요하다. 이때의 시간은 차라리 '세월'이라는 표현이 더 어울릴 만큼 긴 시간일 수도 있다.

많은 사람이 마법의 성에 도착하지 못하는 이유는 이 여행이 너무 지루해서 중간에 자주 한눈을 팔거나 포기하기 때문이다.

토끼와 거북이의 경주에서 토끼가 진 이유도 같다. 빠른 토끼는 목적지까지의 여행이 너무 지루한 나머지 자주 한눈을 팔았다. 자만심이 가득 찬 토끼는 그래도 거북이를 이길 수 있으리라 생각했다. 반면에 거북이는 느린 걸음이지만 목적지를 향해 묵묵히 걷기만 했다

(물론 거북이의 입장에서는 뛰었겠지만…). 거북이 역시 매우 지루했을 것이다. 하지만 거북이는 한눈을 팔지 않았고, 포기하지도 않았으며, 결국 경주에서 승리했다.

이를 마라톤 경기에 비유할 수도 있다. 마라톤은 매우 지루한 경기이다. 그렇기 때문에 자신과의 싸움이라고도 한다. 인내력 없이는 완주조차 할 수 없으며, 인내력이 많은 사람도 100m 달리기 하듯이 전력으로 질주한다면 1km도 못 가 쓰러질 것이다. 자신의 체력을 알고 적당한 속도로 뛰어야만 40km 이상의 거리를 완주할 수 있다.

투자도 마라톤 경기처럼 해야 한다. 성급한 마음을 버리고 자신의 분수(경제력)에 맞는 소비 생활을 유지하며, 충분히 저축한 후 그 돈을 지속적으로 투자해야 한다. 목돈을 마련했다면 차를 바꾸는 데 돈을 써버리기보다는 그 돈을 계속 투자해야 하며, 이번 달에 보너스를 받거나 장사가 잘 되어서 평소 때보다 많은 수입이 생겼다면 해외여행을 하는 데 돈을 써버리기보다는 역시 그 돈을 추가로 투자해야 한다. 물론 현재의 삶도 10년 또는 20년 후만큼이나 중요하기 때문에 열심히 살아가는 자신과 가족을 위해 때로는 충분히 보상해야 할 필요가 있다. 하지만 현재의 지출 욕구를 뒤로 미루면 미룰수록, 그리고 지출액을 줄이면 줄일수록 나중에는 더 큰 보상을 받을 수 있을 것이다.

우리 모두는 마라톤 경기에서 우승할 필요까지는 없기 때문에 남과 자신을 비교하면서 비관하거나 자만할 이유는 없다. 경기에 참여한 사람들은 각자 체력과 목표가 서로 다르기 때문이다. 투자의 마라톤 경기에서 중요한 것은 남을 이기고 승리하는 게 아니라 자신을 이기고 완주하는 일이다.

이번 장에서는 투자의 마라톤 경기에서 완주하기 위해 알아야 할 투자 원칙과 전략을 살펴보고, '채권형 금융상품'과 '주식형 금융상품'에 적절히 돈을 배분하는 방법에 대해 이야기 하겠다. (지금부터는 '채권형 금융상품'은 '채권형'으로, '주식형 금융상품'은 '주식형'으로 표기한다.)

나는 단순한 금융상품에 단순한 방법으로 투자하는 게 장기간 또는 평생 투자를 지속하기에 가장 좋은 방법이라고 생각한다. 따라서 몇 가지 금융상품들만을 알아 두고, 이를 활용하는 법을 익히기를 권한다.

꼭 알아야 할 금융상품들에는 채권형인 정기예금, 정기적금, MMF 또는 CMA, 금리형연금보험 등과 주식형인 주식형펀드, 변액연금보험 등이 있다.

사실 이외에도 유용한 금융상품들은 많이 있다. 대표적으로 소득공제 혜택이 있는 장기주택마련저축과 연금저축도 좋은 상품이며, ELS, ELF, ELD 등 파생금융상품도 활용하기에 따라서는 좋은 투자 대상이 될 수 있다. 그뿐만 아니라 금이나 외환을 보유하는 것도 장기적으로는 좋은 투자 방법이 될 수 있다. 무주택자라면 청약통장에 가입해야 하는 것은 기본 중의 기본이다. 하지만 이런 종류의 금융상품들에 대한 공부는 독자의 몫으로 남겨두겠다.

부동산 투자에 대해서도 논하지 않을 것이다. 부자가 아닌 사람들의 경우 대부분 주택을 구입하는 순간 자산의 절반 이상을 부동산에 투자하는 꼴이 된다. 이후 금융자산을 계속 늘리더라도 비율은 좀처럼 바뀌지 않는다. 따라서 거주 주택 외에 추가적인 부동산 투자(부동산 간접투자상품 포함)는 금융자산과 부동산의 투자 비율이 70:30 정도가 되기 전에는 필요치 않다고 생각한다.

원칙과 전략

복리 투자를 지속하려면 투자 원칙을 정하고, 그 원칙을 반영한 투자 전략을 수립한 후 실행에 옮겨야 한다. 원칙과 전략이 없다면 유행을 좇아 남 따라 하기식의 투자를 하거나, 잘 알지도 못하는 대상에 투자하기 십상이다. 이렇게 해서는 좋은 결과를 기대하기 어렵다. 마라톤 선수가 완주를 하기 위해서는 일관된 속도를 유지하며 계속 달려야 하듯이, 투자를 할 때도 장기간 유지할 수 있는 일관된 원칙과 전략을 갖는 일은 매우 중요하다.

원칙이란 어떤 경우에도 변하지 않는 것이며, 전략이란 투자 목적 또는 투자 환경의 변화에 따라 바뀔 수도 있는 것이다. 나는 이에 관해서 '잃지 않는 투자를 해야 한다'고 강조한다. 이것은 나의 개인적인 투자 원칙이기도 하다. 그리고 잃지 않는 투자를 하려면 다음의 두 가지를 함께 고려해야 한다.

① 투자 원금을 지키는 것
② 물가상승에 따른 돈의 가치를 유지하는 것

과거 고금리 시대에는 은행의 정기예금이나 정기적금에만 투자해도 두 가지 모두를 실현할 수 있었기 때문에 투자 전략은 오로지 절약하고 저축하는 것만으로도 충분했다. 하지만 저금리 시대에는 다르다. 저금리 시대에 잃지 않는 투자를 하기 위해서는 다음과 같은 전략이 필요하다.

① 단기간 투자할 때는 투자 원금을 지키는 게 더 중요하다. 따라서 원금 손실 가능성이 없거나 투자 위험이 낮은 채권형에 주로 투자한다.
② 장기간 투자를 할 때는 물가상승에 따른 돈의 가치를 유지하는 게 더 중요하다. 따라서 투자 위험은 높지만 금리보다 높은 수익률을 기대할 수 있는 주식형에 주로 투자한다.

다음의 두 가지 상황에 대해 생각해 보자.
첫 번째. 당신에게 현재 1,000만 원이 있고, 이 돈으로 1년 뒤 주택 전세금을 올려줘야 하는 경우이다. 이 돈을 세후 수익률 연 4%인 1년 만기 정기예금에 투자하면 만기 때 1,040만 원을 돌려 받게 된다. 높은 수익을 기대할 수는 없지만 차질 없이 전세금을 올려 줄 수 있다.

반면에 주식형펀드에 투자하면 1년 뒤 얼마의 돈을 받게 될 지 예측할 수가 없다. 왜냐하면 미래의 주가가 어떻게 변동될 지 알 수 없기 때문이다. 주가는 매일, 매순간 변동한다. 심지어 1년 내내 오르기도 하며, 1년 내내 떨어지기도 한다. 수익을 얻게 되면 다행이지만 원금 손실이 발생하면 전세금을 올려 주지 못하게 된다. 따라서 이런 경우에는 원금이 보장되는 정기예금이나 MMF처럼 원금 손실 가능성이 낮은 채권형에 투자해야 한다.

두 번째. 당신에게 현재 1,000만 원이 있고, 이 돈을 단기간에 사용할 일이 없는 경우이다. 이때는 이야기가 달라진다. 주가는 떨어지면 반드시 오르고, 오른 후에는 반드시 떨어진다. 즉 투자 기간 동안 주가 하락으로 손해를 봤다면 향후 주가가 상승하여 원금을 회복하고 수익을 얻을 수 있을 때까지 기다려 볼 수 있으며, 반대로 주가 상승으로 이익을 봤다면 적당한 선에서 투자를 중단하고 돈을 회수할 수도 있다. 주가의 변동을 통제할 수는 없지만 투자 기간이 길면 길수록 이런 선택(또는 결정)의 기회를 많이 가질 수 있기 때문에 결과적으로 투자 위험을 어느 정도 관리할 수 있게 된다. 따라서 이런 경우에는 금리보다 높은 수익을 얻기 위해 주식형펀드에 투자하는 것을 고려해 볼 수 있다.

목돈을 거치식으로 투자하는 경우를 예로 들었지만 적립식으로 투자하는 경우에도 마찬가지이다. 주식형펀드에 매월 일정한 돈을 적금처럼 불입한다고 해서 안정성은 적금과 비슷하면서도 수익은 적금보다 좋을 것이라고 생각하면 안 된다. 적립식으로 투자하면 투자 위험이 많이 줄어드는 것은 사실이지만 그렇다고 아예 사라지지는 않는다. 최종 매도할 때의 주가가 평균 매입 주가보다 낮을 경우에는 손실이 발생할 수밖에 없다. 따라서 적립식으로 투자할 때도, 향후 주가가 충분히 상승했을 때 수익을 얻겠다는 생각으로 장기간 투자해야 한다.

이처럼 투자 기간에 따라 투자 위험에 노출되는 정도가 달라지기 때문에 기간을 고려하여 채권형에 투자할지 주식형에 투자할지를 결정하는 것은 매우 중요한 일이다. 따라서 투자에 앞서 향후 지출 계획 등을 검토한 후 가까운 미래에 많은 돈을 지출할 계획이 있다면 채권형의 투자 비중을 높이고, 그렇지 않다면 주식형의 투자 비중을 높이는 식의 투자 전략이 필요하다(이처럼 채권형과 주식형의 투자 비율을 결정하고, 이 비율을 장기간 유지하는 것을 '자산 배분 전략'이라고 한다.). 또한 투자 기간 중 예상치 못한 일로 많은 돈을 지출해야 할 수도 있기 때문에 충분한 예비자금을 보유하고 있어야 한다.

투자 기간을 단기 또는 장기로 구분할 때 절대적인 기준이 있지는 않다. 1년, 3년 등 특정 기간을 기준으로 채권형에 투자할지 주식형에 투자할지를 결정하는 것은 일종의 지침이 될 수 있을 뿐이다. 따라서 이런 문제로 고민하기 보다는 투자 목적을 자녀교육 자금 마련,

노후 자금 마련, 주택 자금 마련 등으로 크게 분류하고 각 목적에 따라 적절히 자산을 배분하여 투자하는 게 좋다.

TIP 평균 매입 주가

주식에 투자할 때 가장 큰 고민은 '언제 사서 언제 팔 것인가' 이다. 아무리 좋은 기업의 주식도 살 때의 가격보다 낮은 가격에 팔면 손해를 볼 수밖에 없다. 당연히 주가가 쌀 때 사서 비쌀 때 팔아야 수익을 얻게 되지만 그 시점을 맞추기는 상당히 어렵다. 따라서 매매시점을 맞추려고 애쓰기보다는 주가가 쌀 때는 많이 매입하고, 주가가 비쌀 때는 적게 매입하여 평균적인 매입 가격을 낮추는 전략을 사용할 수 있다.

예를 들어 30,000원을 일시에 투자하지 않고, 10,000원씩 3번 나누어서 투자하는 경우를 생각해 보자. 주가가 50원이면 10,000원으로 200주를 살 수가 있다. 그리고 주가가 100원이면 같은 돈으로 100주를 살 수 있으며, 주가가 200원이면 50주 밖에 사지 못한다.

- 주가가 50원일 때 200주 매입 가능
- 주가가 100원일 때 100주 매입 가능
- 주가가 200원일 때 50주 매입 가능

가장 좋은 방법은 주가가 50원일 때 30,000원을 전부 투자하여 200원일 때 파는 것이지만 잘못하면 200원일 때 전부 투자하여 50원일 때 팔아야 하는 불행한 일도 생길 수 있다. 이때 10,000원씩 적립식으로 투자하면 총 30,000원을 투자하여 총 350주를 매입할 수 있으므로 주당 86원(30,000원÷350주)에 사들인 효과가 생긴다. 이 86원이 바로 평균 매입 주가이다. 따라서 최종 매도할 때의 주가가 200원이라면 50원에 사서 200원에 팔 때 만큼의 수익을 얻을 수는 없지만 86원에 매입한 주식을 200원에 파는 셈이므로 주당 114원의 수익을 얻게 된다. 반면에 최종 매도할 때의 주가가 50원이라면 주당 36원의 손해를 보게 되지만 200원에 사서 50원에 팔 때보다는 적은 손실이 생긴다. 이와 같은 현상을 흔히 '코스트 애버리징 효과(Cost Averaging Effect)'라고 부른다.

● **적립식 투자로 손실이 생기는 경우**

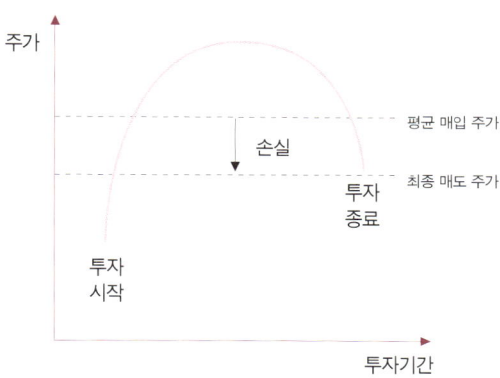

* 투자 종료 시점의 주가가 투자 시작 시점의 주가보다 올랐더라도 손실이 발생 할 수 있다.

● **적립식 투자로 수익을 얻는 경우**

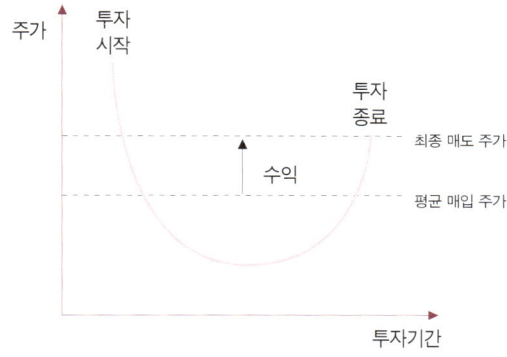

* 투자 종료 시점의 주가가 투자 시작 시점의 주가보다 떨어졌더라도 수익을 얻을 수 있다.

목적에 따라 자산을 배분하자

사람들이 세상을 살아가는 모습은 서로 다르지만 인생이라는 큰 그림을 놓고 보면 밑그림은 대체로 비슷하다.

태어나고, 자라고, 교육을 받고, 직업을 갖고, 결혼하고, 자녀를 낳고, 집을 마련하고, 자녀를 교육시키고, 자녀를 결혼시키고, 은퇴를 하며, 결국에는 다시 흙으로 돌아가는 게 사람이다. 종교의 성직자처럼 특수한 삶을 사는 사람들을 제외하면 어떤 일을 먼저 겪게 되는지에 차이가 있을 뿐, 대부분의 사람들은 이 과정을 공통적으로 겪게 된다. 물론 자녀를 갖지 못하거나 특별한 상황 때문에 남들과 조금은 다른 삶을 살게 될 수도 있지만 그렇다 하더라도 사람이 나고 지는 과정은 크게 다르지 않다.

우리가 살아가면서 미리 준비하지 않으면 곤란할 만큼 많은 돈이 필요한 시기는 크게 5가지로 요약된다.

- 결혼할 때
- 주택을 구입할 때
- 자녀를 대학에 보낼 때
- 자녀를 결혼시킬 때
- 은퇴한 후

따라서 가장 중요한 투자 목적도 크게 5가지로 분류된다.

- 결혼 자금 마련
- 주택 자금 마련(주택대출금의 상환도 포함한다.)
- 자녀 대학 자금 마련
- 자녀 결혼 자금 마련
- 노후 자금 마련

사람들은 대체로 가장 빨리 다가올 문제에 대해서만 고민하는 경향이 있다. 미혼인 때는 결혼 자금을 마련하는 문제에 주로 몰두하며 (소비하고 즐기는 데 몰두하지 않는다면 다행이다.), 결혼 후에는 주택을 구입하는 문제에 주로 몰두한다. 주택을 마련한 후에는 주택대출을 상환하는 데 몰두하며, 5년 또는 10년에 걸쳐 주택대출을 모두 갚고 나면, 이제 자녀를 대학에 보낼 때가 가까워 온다. 하지만 그 동안 소비도 많이 할 것이고, 남들에게 뒤질 새라 자녀를 위한 사교육비 지출도 제법 많이 할 것이므로 많은 돈이 남을 리 없다. 따라서 자녀가 대학을 졸업할 때쯤이면 이제야 비로소 노후가 걱정되기 시작한다. 그리고 자녀를 결혼시킨 후에는 집 빼면 가진 자산이 많지 않기 때문에 걱정은 현실이 된다. 집을 팔아서 노후 자금을 마련하거나, 주택연금을 받아 생활하려 해도 정든 집을 떠나기 어렵고, 한편으로는 자녀에게 물려줘야 할 것 같은 생각도 들기 때문에 쉽게 결정하지 못한다. 결국 적은 돈이라도 벌기 위해 다시 일을 찾아 나서야 한다. 쉬기만 하면 건강에도 좋지 않다는 자기 위안을 하면서 말이다. 하지만 몸이 병들었다면 이마저도 어렵다.

실제로 많은 사람이 이런 삶을 산다. 마치 어려운 수학 문제를 하나 풀고, 그 다음 더 어려운 문제를 풀어야 하는 식이다.

사람들이 당장 눈 앞에 보이는 문제에 주로 몰두하고, 그 다음 문제에 대해서는 크게 고민하지 않는 것은 어찌 보면 당연하다. 집에 불이 났다면 눈 앞에 보이는 불을 끄면서 불길을 헤쳐 나가야, 살아서 집 밖으로 빠져 나올 수 있는 것과 같다. 그러나 삶에서 겪게 되는 불은 아무리 끄고 또 꺼봐도 시간이 갈수록 더 큰 불이 앞을 가로막는다. 때문에 많은 사람들을 당황시킨다.

앞의 5가지 투자 목적들 중 가장 중요한 것은 무엇일까? 미리 준비하지 못할 경우 시간이 갈수록 큰 불이 되어 당신을 괴롭히게 될 문제는 어떤 것일까? 나는 자녀 대학 자금과 노후 자금을 마련하는 일이라고 생각한다.

결혼 자금이 부족하면 냉수만 떠놓고도 결혼식을 올릴 수 있으며, 반 지하 월셋방에서라도 신혼생활을 시작할 수 있다. 주택 자금을 마련하지 못한다면, 그래서 평생 내 집을 갖지 못한다면 불편하고 서러울지언정 삶을 유지하기 어려울 만큼 큰 문제가 되지는 않는다. 하지만 자녀 대학 자금을 준비하지 못해 자녀에게 고등교육의 기회를 주지 못한다면, 그리고 노후 자금을 준비하지 못해 은퇴한 자신에게 최소한의 여유를 주지 못한다면 심각한 문제가 발생한다.

대학 교육이 자녀의 미래를 결정한다고까지 말할 수는 없지만 매우 큰 영향을 미치는 것은 분명한 사실이다. 더 이상 시골의 어느 초등학교를 졸업한 후 곧바로 상경하여 몸뚱이만으로 성공 신화를 만들어 낼 수 있는 시대가 아니다. 만약 가난이 대물림되는 게 사실이라면, 이 대물림을 끊을 수 있는 가장 좋은 방법도 고등교육을 받고 고등교육을 받은 사람들의 사회에서 그들과 함께 공존하는 것이다.

경제적으로 아무리 어려워도 부모로서 의지만 있다면 자녀를 고등학교까지 교육시키는 것은 가능하다. 하지만 대학 교육을 위해 연간 1,000만 원이 필요한 시대에 자녀를 대학에 보내는 일은 돈 없이 의지만으로는 어렵다.

부모의 도움을 충분히 받지 못하는 대학생들은 공부에 열중하기보다는 돈 벌이에 열중하고 있으며, 싼 값에 노동력을 착취 당하고 있다. 심지어 큰 돈을 벌 수 있다고 꾀이는 불법적인 피라미드식 판매 회사(이런 회사들은 합법적인 네트워크마케팅 회사로 위장되어 있다.)의 유혹에 넘어가 친구 또는 선후배들과의 인간관계를 상실하는가 하면, 학자금 대출의 탈을 쓴 고리사채의 늪에 빠져 극심한 고통을 겪기도 한다. 버거운 현실이다.

자녀가 대학에 가고 싶어한다면, 그리고 대학을 졸업한 후에도 계속 깊은 공부를 하고 싶어 한다면, 최대한 뒷바라지를 해주고 싶은 게 모든 부모의 마음이다. 그러나 때가 돼서 모든 것을 해결하려면 너무 힘들다. 조금씩이라도 지금부터 준비하는 게 현명한 방법이다.

준비되지 않은 노후 역시 치명적이다. 수입이 끊어진 상태에서 가진 돈만으로 생활을 계속해야 하기 때문이다. 은퇴하기 전에 비해 생활비용은 많이 줄일 수 있을 지는 몰라도 의료비 지출이 늘어날 가능성이 높기 때문에 이전보다 더 많은 돈이 필요할 수도 있다. 또한 인간의 수명을 예측하거나 인위적으로 결정할 수는 없기 때문에 가진 돈이 언제 바닥날 지 모른다면 더더욱 불안할 것이다. 이런 이유 때문에 평균수명 100세 시대가 멀지 않은 지금, 일부에서는 준비되지 않은 노후를 재앙이라고까지 표현한다. 특히 여성의 경우 배우자와의 연령 차이와 평균수명 등을 고려하면 노후를 10년 이상 홀로 보내게 될 가능성이 높기 때문에 남성에 비해 좀 더 심각한 문제가 될 수 있다.

과거처럼 부모를 부양하고, 자식들에게 부양을 받을 수 있는 시대는 이미 끝났다. 통계청 발표에 따르면 2006년 한 해에만 60세 이상 노인들 중 4,644명이 자살을 했다고 한다. 매일 12명 이상의 노인이 스스로 목숨을 끊은 것이다. 더욱 큰 문제는 노인 자살률이 매우 빠른 속도로 증가하고 있다는 점이다. 가난, 질병, 외로움, 우울증, 자식에게 짐이 되기 싫음 등이 주된 원인이라고 하는데 끔찍한 일이다.

과연 이 노인들 중 젊은 시절 방탕하고 게으른 삶을 살았기 때문에 결국 이런 최후를 맞게 된 사람들이 몇 명이나 되리라고 생각하는가? 이들도 젊은 시절에는 지금의 젊은이들처럼 꿈도 많았고, 하루하루를 열심히 살아 온 사람들이 아닐까?

가난한 노인들이 한결같이 하는 말이 있다. "자식들 키우며, 열심히 살았는데 어쩌다 보니까…", "자식들도 먹고 살기 힘들어서…".

당신도 나처럼 먹고 살기가 점점 더 힘들어진다는 것을 온 몸으로 느끼고 있다면, 늙어서 자녀에게 부양을 받기는커녕, 은퇴한 후에도 오히려 자녀에게 도움을 줘야 할지 모른다는 생각을 해야 한다. 외환위기 이후 우스개 소리로 '백수 부자(父子)'라는 말이 생겼다. 아버지는 조기 퇴직하여 백수, 자식은 취업을 하지 못해 백수라는 뜻이다. 가슴 아픈 농담이다.

이처럼 자녀 대학 자금과 노후 자금을 마련하는 일은 삶의 가장 중요한 문제임에도 불구하고, 가장 뒤늦게 찾아올 문제이기 때문에 사람들의 관심을 제대로 받지 못한다.

지금 당장 자녀에게 좋은 옷을 입히고, 좋은 장난감을 사주고, 많은 용돈을 주면서 풍족함을 느끼게 해주기보다는 이런 비용을 아껴 자녀의 교육비 마련을 위한 펀드 계좌를 만들고 꾸준히 투자하는 게 좀 더 나은 선택일 수 있다. 또한 지금 당장 자녀를 위해 허리가 휠 정도로 많은 사교육비를 지출하다가 노후에 자녀에게 짐이 되기보다는 부담을 줄여 자신의 노후를 위해 조금이라도 더 투자를 하는 게 훨씬 더 나은 선택일 수 있다.

자녀 대학 자금 마련을 위한 투자

매월 저축할 수 있는 돈의 최소 10%를 할애한다. 장기적인 계획으로 투자가 가능하다면 주식형펀드에 투자한다. 이때 매월 적립식으로 투자하면서 주식을 장기간 사모은다는 생각으로 투자할 것을 권한다. 만약 자녀의 대학 입학 시기가 10년 이상 남았다면 변액유니버설보험도 괜찮다. 하지만 투자 위험을 감수하고 싶지 않거나 자녀의 대학 입학 시기가 향후 3년 미만이라면 채권형인 적금 등에 투자해야 하며, 꼭 주식형펀드에 투자하고 싶다면 투자 금액의 절반 이상은 원금이 보장되는 적금이나 투자 위험이 상대적으로 낮은 채권형펀드 등에 분산 투자해야 한다.

주식형펀드

주식형펀드의 종류

주식형펀드는 액티브펀드와 인덱스펀드 등 크게 2가지 형태로 구분할 수 있다. 액티브펀드는 펀드매니저가 향후 주가 상승이나 높은 배당금 지급 등이 예상되는 주식들을 열심히 찾아내고, 적극적으로 사고 팔면서 고수익을 얻기 위해 노력하는 펀드이다. 반면에 인덱스펀드는 KOSPI200 지수와 같은 특정 지수를 구성하는 주식들을 시가총액 비중에 맞추어 매입한 후 펀드의 수익률을 해당 지수의 변동에 맡겨두는 펀드이다. 이런 차이 때문에 흔히 전자를 적극적 운용 펀드, 후자를 소극적 운용 펀드라고도 부르며, 투자자가 지불해야 하는 각종 수수료와 비용은 액티브펀드가 인덱스펀드에 비해 높은 편이다.

　예를 들어 우리나라 상장기업 주식이 A, B, C 3종목만 있다고 가정해 보자. 그러면 종합주가지수는 이 3종목의 주가 변동에 의해 오르기도 하고, 떨어지기도 할 것이다. 만약 주식시장 전체를 구성하는 3종목의 시가총액 비중이 'A:B:C = 50:30:20'이라면 액티브펀드의 펀드매니저는 각 종목의 시가총액 비중과는 상관 없이 각 종목의 주가가 싸다고 생각될 때 사서 가격이 오르면 팔려고 할 것이다. 반면에 인덱스펀드의 펀드매니저는 A종목 50주, B종목 30주, C종목 20주 등 시가총액 비중에 맞추어 모든 종목을 매입한 후 장기간 보유함으로써 종합주가지수의 수익률과 똑같은 수익률을 얻으려고 할 것이다(이러한 인덱스펀드를 완전 복제형 인덱스펀드라고 한다.).

우리 나라의 인덱스펀드는 전체 상장 주식 중 시가총액 비중이 높은 200개의 종목으로 구성된 KOSPI200 지수를 추종하는 인덱스펀드들이 주종을 이루고 있으며, 완전 복제형 인덱스펀드보다는 KOSPI200 지수 중에서도 특히 시가총액 비중이 높은 종목들을 업종별로 매입하여 포트폴리오를 구성하고, 일부 자금으로는 지수 파생상품 거래 등을 통해 지수의 수익률보다 좀 더 높은 수익률을 얻으려고 노력하는 인덱스펀드들이 대부분이다(이러한 인덱스펀드를 인핸스트enhanced 인덱스펀드라고 한다.). 또한 인덱스펀드이지만 주식시장에 상장되어 일반 주식처럼 거래가 가능한 것도 있는데, 이러한 인덱스펀드를 ETF(Exchange Traded Fund)라고 한다. ETF는 완전 복제형(또는 완전 복제에 가까운) 인덱스펀드로 볼 수 있으며, 역시 KOSPI200 지수를 추종하는 게 가장 많이 거래되고 있다. ETF는 인덱스펀드 중에서도 특히 운용 비용이 저렴하며, 투자자들에게 수익분배금(배당금)을 현금으로 지급한다.

투자자의 입장에서 액티브펀드에 투자하는 게 유리한지 인덱스펀드에 투자하는 게 유리한지에 대해서는 많은 의견들이 있지만 펀드시장의 규모가 클수록, 그리고 주식시장 정보의 유통이 잘 될수록 인덱스펀드가 장기적으로는 유리할 것이라고 본다. 실례로 세계 최초의 공모형 인덱스펀드인 미국의 '뱅가드500 인덱스펀드'가 1976년 세상에 처음 나왔을 때는 사람들의 주목을 받지 못했지만 지금은 세계 최대의 뮤추얼펀드로 성장했다. 그리고 현재는 많은 미국인들이 액티브펀드가 장기적으로는 인덱스펀드보다 높은 수익률을 내기 어렵다는 사실을 정설로 받아들이고 있는데 그 이유는 대략 다음과 같다.

첫 번째, 미국에서 이루어지는 주식 거래의 절반 이상이 펀드매니저들 사이에서 이루어진다. 즉 펀드 시장이 곧 주식시장이며, 펀드매니저들끼리 주식을 사고 팔면서 포커를 치듯이 패를 돌리고 있다는 것이다. 포커판에서는 돈을 따는 사람들보다 돈을 잃는 사람들이 더 많을 수밖에 없다. 하지만 포커판에서도 돈을 잃지 않고 반드시 돈을 버는 사람이 있는데 자리를 빌려 주고 옆에 앉아서 구경하는 하우스 주인이다. 인덱스펀드 투자자들은 애쓰지 않고도 하우스 주인처럼 주식시장의 평균적인 수익률을 얻을 수 있다는 논리이다.

두 번째, 액티브펀드는 인덱스펀드에 비해 상당히 많은 투자 비용을 지불해야 하기 때문에 인덱스펀드의 수익률을 더욱 더 넘기 어렵게 만든다.

최근 우리나라에서도 이와 유사한 현상을 확인할 수 있다.

● BM을 연속하여 초과한 성장형 펀드의 비율 (2007년 1월 6일 기준)

* BM : KOSPI200×주식편입비×0.9+(1-0.9×주식편입비)×CD금리
* 출처 : 제로인 이슈리포트, '인덱스펀드', 2007년 5월 7일, 고영호 펀드애널리스트

제로인이 발표한 2007년 조사자료에 따르면 우리나라에서 1년 동안 기준 지수(벤치마크 지수)보다 높은 수익률을 낸 주식형펀드의 수는 100개중 24개였으며, 2년 연속 지수보다 높은 수익률을 낸 주식형펀드의 수는 100개 중 20개 수준이었다. 바꾸어 말하면 전체 주식형펀드의 80%에 이르는 수많은 주식형펀드들이 기준 지수보다도 수익률이 낮았다는 뜻이다. 또한 3년 연속 기준 지수보다 높은 수익을 낸 주식형펀드의 수는 100개중 1개 정도에 불과하다. 물론 조사 기간을 어떻게 정하느냐에 따라서 결과값은 달라질 수 있다. 또한 이 자료만을

가지고 인덱스펀드가 다른 주식형펀드에 비해 우수하다고 결론 짓기는 어렵다. 하지만 많은 주식형펀드들이 매년 총 투자금액의 2~4%에 이르는 높은 비용을 받아가면서도(손실이 나도 받아간다.) 아무것도 하지 않았을 때보다 오히려 성과가 좋지 않았다는 사실은 투자자들이 펀드를 선택할 때 좀 더 신중해야 한다는 경고의 메시지로 받아들일 수 있다.

주식형펀드의 선택

펀드를 선택할 때 고려해야 할 점은 정말 많다. 그러나 수천 개에 이르는 펀드를 직접 분석하고 선별하기는 어렵다. 따라서 나는 펀드평가회사에서 제공하는 정보를 이용하여 투자할 펀드를 결정하는 게 가장 무난하다고 생각한다. 만약 1년 365일, 펀드를 분석하고 순위를 매기는 것으로 밥을 먹고 사는 전문가들보다 자신이 좀 더 좋은 펀드를 골라낼 수 있다고 믿는다면 그렇게 해도 좋다.

현재 가장 많은 사람이 이용하는 펀드평가회사는 펀드닥터(제로인, www.funddoctor.co.kr)이며, 이외에 펀드존(한국펀드평가, www.fundzone.co.kr), 모닝스타코리아(www.morningstar.co.kr) 등이 있다. 펀드에 대한 공부는 관련 서적을 구입하여 보는 것도 좋지만 이런 펀드평가회사의 홈페이지에 방문하여 책을 읽는다는 생각으로 하루든 일주일이든 구석구석 읽어 보는 게 오히려 더 큰 도움이 된다.

펀드평가회사의 홈페이지에 접속하면 투자 대상, 투자 지역, 운용 방식 등에 의해 펀드의 종류를 나누고, 각 유형별로 펀드들의 수익률 순위(ranking)와 등급(rating)을 발표하고 있다. 펀드는 수익률 순위보다는 등급을 우선하여 선택하는 게 좋다. 회사마다 등급을 매기는 방식은 조금씩 다르지만 좋은 성적표를 받는 펀드는 어디서도 좋은 성적표를 받게 마련이다. 이때의 등급은 '위험조정수익률'이라는 것을 산출하여 매기게 된다.

예를 들어 A펀드와 B펀드가 직전 1년 동안 똑같이 10%의 수익률을 달성했다고 가정해 보자. 그런데 A펀드에 투자했을 때 감수해야 하는 위험이 '100'이고, B펀드에 투자했을 때 감수해야 하는 위험이 '50'이라면 당연히 투자 위험이 낮은 B펀드가 우수한 펀드라고 볼 수 있다. 위험조정수익률이란 이처럼 과거의 운용수익률과 투자 위험을 함께 고려하여 산출한 수익률을 말한다. 따라서 펀드평가회사에서 우수한 등급을 받은 펀드들 중 과거 성과와 비용 등을 비교한 후 마음에 드는 것을 골라서 투자하면 된다. 물론 과거의 성과가 미래의 성과를 보장하는 것은 아니지만 미래의 성과를 예측하여 투자 결정을 할 수도 없기 때문에 과거의 성적표를 참고하여 결정하는 게 최선이 아닌가 생각한다.

　펀드 간 성과를 비교할 때는 비슷한 유형의 펀드들끼리 비교해야 한다. 삼성전자나 포스코 등 시가총액 상위 종목들에 주로 투자하는 대형주펀드와 중소형주에 주로 투자하는 중소형주펀드를 같은 기준으로 비교할 수는 없다. 대형주펀드는 다른 대형주펀드들과 비교하고 중소형주펀드는 다른 중소형주펀드들과 비교하는 게 합리적이다. 또한 종합주가지수의 수익률과도 비교해 봐야 한다. 종합주가지수나 KOSPI200지수의 수익률은 펀드의 성과를 평가하는 매우 중요한 기준이 된다. 전체적인 주식시장(종합주가지수)이 하락하는데 특정 주식형펀드만 이를 극복하고 높은 수익을 얻기는 어렵다. 하지만 주식시장이 상승하는데도 바닥을 기는 주식형펀드가 분명히 있다. 다만 종합주가지수는 시가총액의 비중이 큰 몇 종목들에 의해서도 큰 폭으로 등락할 수 있기 때문에 특정 업종의 종목에 집중 투자하는 펀드나 중소형주펀드의 성과와 비교하기에는 적절치 않다.

　만약 한 개의 펀드에만 투자하는 게 부담스럽다면 투자 위험을 줄이기 위해 2~3개의 펀드에 분산 투자할 수도 있다. 이때는 가급적 같은 자산운용사의 펀드들보다는 서로 다른 자산운용사의 펀드에 분산 투자할 것을 권한다. 즉 펀드를 분산한다기보다 돈을 맡길 자산운용사를 분산하는 것이다. 하지만 너무 많은 펀드에 분산 투자하는 게 꼭 좋지만은 않다. 한 개의 펀드에만 투자해도 이미 많은 종목의 주식들에 분산 투자하고 있는 것이기 때문에 또 다시 여러 개의 펀드에 분산 투자하다 보면 신경 쓸 일만 많아질 수 있다. 이런 경우에는 차라리 KOSPI200 지수를 추종하는 인덱스펀드에 투자하는 게 좋은 방법이다.

장기간 투자하려면 가급적 대형우량주 위주로 구성된 대형주펀드에 투자할 것을 권한다. 하지만 중소형주나 특정 업종에 집중 투자하는 펀드에도 투자하고 싶다면 투자 비중은 20% 이하로 유지할 것을 권한다. 이런 펀드들은 대형주펀드에만 투자했을 때보다 좀 더 높은 수익을 얻게도 해주지만 상대적으로 투자 위험이 크기 때문에 반대의 상황이 생길 수도 있다.

해외펀드에 투자할 때는 국내 주식에만 투자할 때 생길 수 있는 투자 위험을 해외의 다른 지역의 주식에 투자함으로써 분산하겠다는 목적으로 투자할 것을 권한다. 특히 중국, 인도, 러시아 등 흔히 이머징마켓이라 불리는 국가에 투자할 때는 브릭스펀드와 같이 여러 국가들에 분산 투자하는 펀드를 선택하는 게 좋다. 특정 국가에 돈을 몰아서 투자하는 것은 바람직하지 않다.

해외펀드에 투자하기 전에 한 가지 생각해 볼 점도 있다. 당신이 펀드를 통해 삼성전자에 투자하고 있다면, 삼성전자가 수출하고 있는 전 세계 전자제품 시장 구석구석에 투자하고 있는 셈이다. 또한 현대자동차에 투자하고 있다면 역시 전 세계 자동차 시장에 투자하고 있는 것과도 같다. 해외펀드에 투자해야만 꼭 해외에 투자할 수 있다는 생각은 버려라. 또한 한 번도 가보지 못한 국가의 주식에 투자하려면 그 나라가 어디에 붙어 있는지, 어떤 언어를 사용하는지, 국가 경제를 이끌어 가는 주도 산업이 무엇인지, 정치적으로는 얼마나 안정되어 있는지 등을 한 번쯤이라도 확인해 보고 투자하기 바란다. 아무리 천연자원이 풍부하거나 성장 잠재력이 높은 국가라 할지라도 자본 시장이 열악하거나 정치적으로 불안정한 국가 등에 투자할 때는 좀 더 신중해야 한다. 또한 최근 세계 여러 국가들의 경제가 서로 얽히고 설키면서 각 국가의 주가도 동반 상승하거나 동반 하락하는 경향이 강하게 나타나고 있다. 이런 점 때문에 해외펀드에 투자하더라도 충분한 위험 분산 효과를 기대하기는 점점 더 어려워질 것으로 생각된다.

 주식시장이 호황일 때는 묻지 않고 권하고, 묻지 않고 투자하는 일이 많은데 아는 만큼만 투자하고 아는 만큼만 기대하는 게 자신의 자산을 지키고 늘리는 가장 좋은 방법이다.

 펀드를 선택할 때 생긴지 얼마 되지 않은 펀드는 피하는 게 좋다. 비슷한 유형의 다른 펀드들에 비해 일정 기간 꾸준히 성과를 낸 펀드를 선택하는 게 바람직하다. 물론 과거의 성과가 미래의 성과를 담보하지는 못한다. 하지만 공부 잘 하는 학생이 공부 못하는 학생보다 계속 잘 할 가능성이 높듯이 일정 기간 좋은 성과를 보여준 펀드매니저가 앞으로도 다른 펀드매니저에 비해 성적표가 좋을 가능성이 높다. 어제 전학 온 학생은 시험을 보기 전까지는 공부를 잘 하는지 좀처럼 확인하기 어렵다. 새로운 펀드가 나오면 금융회사에서 성과를 내기 위해 총력을 다할 것이므로 믿고 투자할 수 있다고 생각하는 사람들도 많이 있다. 하지만 투자 성과는 금융회사가 총력을 다한다고 만들어지는 게 아니다. 금융회사가 야심 차게 시장에 출시했다가 지금은 가입한 고객과 투자를 권유한 직원을 모두 괴롭히고 있는 여러 종류의 펀드가 있으며, 주식형펀드를 포함한 수천 개의 펀드 중 1년도 못 가서 방치되거나 없어지는 것도 부지기수이다. 금융회사의 시범 사업에 굳이 투자자가 함께 동참할 필요까지는 없어 보인다.

일단 펀드를 선택했다면 3년 정도는 펀드매니저나 펀드운용팀을 믿고 맡겨두자. 자꾸 돈을 넣었다 뺐다 하고 이 펀드 저 펀드를 옮겨 다닐 것이라면 차라리 주식을 직접 사고 파는 게 낫다. 단 정기적으로 펀드매니저나 펀드운용팀이 변동되는지 살피고, 비슷한 유형의 다른 펀드들과 성과를 비교하는 등의 점검은 해야 한다. 그 결과 펀드매니저가 너무 자주 교체되거나 비슷한 유형의 다른 펀드에 비해 저조한 성과가 너무 오래 지속되고 있다면 다른 펀드로 갈아타는 것에 대해 신중히 검토해야 한다. 이러한 점검은 1년에 한두 번 또는 자산운용보고서의 발행 주기인 3개월에 한 번 정도 해 보면 무난할 것이다.

주식형펀드의 비용

펀드에 투자할 때 지불하는 비용은 판매수수료와 펀드 보수(판매보수, 운용보수, 수탁보수, 사무관리보수 등을 모두 합한 비용) 그리고 투자 후 일정 기간이 경과하기 전에 펀드에서 돈을 빼면 수익의 일부를 환수하는 환매수수료 등이 있다. 이외에 펀드매니저가 주식 등을 매매할 때 발생하는 각종 거래 비용도 펀드 투자자가 부담해야 하는 몫이다.

판매수수료는 투자자가 돈을 맡기면 펀드에 투입하기 전에 일정 비율만큼을 미리 떼거나(선취판매수수료), 나중에 환매할 때 환매금액의 일정 비율만큼을 떼는(후취판매수수료) 방식으로 투자자 개개인에게 직접 부과한다. 반면에 펀드 보수는 전체 펀드에서 일정 비율만큼을 떼어낸 후 기준 가격 조정을 통해 모든 투자자들에게 부담시킨다. 즉 선취판매수수료가 1%이고, 펀드 보수가 1.5%인 펀드에 투자자가 100만 원을 투자한다면 1%에 해당하는 1만 원을 우선 판매수수료로 뗀 후 99만 원을 펀드에 투입한다. 그리고 펀드에 투입된 돈에 대해서는 수익이 나든 손실이 나든 관계 없이 연 1.5%에 해당하는 펀드보수를 매일 차감한다. 따라서 매일 발표되는 펀드의 기준가격은 펀드 보수를 차감한 후 최종적으로 투자자에게 적용하는 주가라고 생각하면 된다. 판매수수료가 없는 펀드는 판매보수라는 이름으로 비용을 받아가는데, 현재 판매수수료를 받고 있는 많은 펀드들이 판매보수까지도 함께 받아 가고 있다.

비용 측면에서만 본다면 장기투자 때에는 판매보수가 없거나 적은 대신 선취판매수수료를 부과하는 펀드가 유리하다. 왜냐하면 선취판매수수료는 처음 투자할 때 한번 떼고 말지만 판매보수는 투자하는 기간 동안 매년 떼기 때문에 펀드에 투자되는 돈이 쌓일수록, 그리고 수익이 많이 날수록 그만큼 많은 비용을 지속적으로 지불해야 하기 때문이다.

펀드에 투자할 때 비용의 부과 방식을 투자자가 선택할 수 있는 펀드들도 많이 있다. 이런 펀드를 '멀티클래스펀드' 라고 하는데 동일한 펀드에 투자하지만 판매수수료를 선취로 낼 것인지 아니면 판매보수의 형태로 낼 것인지 등에 따라 펀드의 이름 뒤에 클래스A, 클래스C 와 같은 이름이 따라 붙는다. 따라서 자신의 투자 계획을 검토한 후 어떤 방식으로 비용을 지불할 것인지 선택하면 된다.

펀드의 비용이 많든 적든, 또는 어떤 방식으로 떼어가든 그에 상응

하는 서비스가 투자자에게 제공되고, 다른 펀드보다 많은 수익을 낼 수 있다면 비용은 문제가 되지 않는다. 하지만 실상은 그렇지 못하기 때문에 비용도 펀드를 선택할 때 중요한 기준이 되어야 한다.

변액유니버셜보험

변액유니버셜보험은 선취판매수수료가 매우 비싼 주식형펀드 정도로 표현할 수 있다. 변액유니버셜보험에 매월 100만 원을 투자하면 10만 원 정도를 비용으로 뗀 후 90만 원 정도가 펀드에 투입된다. 이 때문에 선취판매수수료가 매우 비싼 주식형펀드라는 표현을 썼다. 하지만 선취된 비용은 판매수수료는 물론 가입자 사망 때 사망보험금을 지급하는 재원으로도 사용되기 때문에 주식형펀드의 선취판매수수료와는 성격이 다르다. 또한 변액유니버셜보험에 가입한 후에는 일시금으로 돈을 회수할 수도 있지만 노후에 연금으로 전환하여 종신토록 연금을 수령할 수도 있다. 즉 변액유니버셜보험은 '펀드 투자(비과세) + 사망 보장 + 종신연금 수령'이라는 3가지 기능을 함께 제공한다. 따라서 단순히 주식형펀드와 비용 또는 수익률만을 놓고 비교하는 것은 합리적이지 않다.

변액유니버셜보험은 펀드에 돈이 투입된 후 나중에 떼는 펀드보수의 비율이 일반적인 주식형펀드에 비해 낮은 편이고, 10년 이후에는 납입 보험료에서 선취되는 비용도 줄어들기 때문에 모든 비용을 제하고도 동일한 수익률을 얻었을 때의 주식형펀드보다 더 많은 수익을 얻을 수도 있다. 거기에 채권형펀드, 혼합형펀드, 인덱스펀드, 해외펀드 등 다양한 펀드들을 상품 내에서 선택하거나 변경할 수 있는 것도 장점이다. 그러나 최소한 10년 이상 꾸준히 납입하고 유지해야만 이런 장점들을 충분히 누릴 수 있다. 아무리 수익률이 좋아도 조기에 해지하면 원금도 돌려 받지 못할 수 있고, 가입한 후 일정 기간(현행 10년) 이내에 해지하면 이자소득세를 내야 한다. 때문에 가입하기 전에 신중히 검토한 후 결정해야 한다. 만약 단기적인 투자 수익만을 생각하거나 가입 후 10년 이상 유지하기 어렵다고 판단되면 투자하지 않는 게 좋다. 물론 변액유니버셜보험에 가입한 후 의무납입 기간이 지나면 납입을 중지할 수도 있고, 돈을 인출하여 사용할 수도 있지만 이런 기능들을 단기적으로 자주 활용하면 투자 수익에 악영향만 줄 뿐이다.

따라서 변액유니버셜보험은 노후 자금 마련과 자녀 대학 자금 마련 등 장기적인 투자 목적을 위해서만 가입해야 한다. 또한 변액유니버셜보험은 '정기보험+펀드'의 성격을 가지고 있기 때문에 가입자 사망 때 '사망보험금+투자적립금'을 지급하므로 조기 사망에 대비한 종신보험이나 정기보험의 대안 상품으로도 적합하다. 변액유니버셜보험이나 기타 변액보험의 투자 성과 등에 관한 정보는 생명보험협회의 홈페이지(www.klia.or.kr)에 방문하면 확인할 수 있으며, 보험사는 가입자에게 투자 성과 등을 알려주는 안내문을 정기적으로 발송한다.

노후 자금 마련을 위한 투자

매월 저축할 수 있는 돈의 최소 20%를 할애한다. 자녀 대학 자금보다 노후 자금에 투자 비중을 더 두는 이유는 자녀의 교육은 당신이 직업을 갖고 수입을 유지하는 동안에 끝날 가능성이 높지만, 노후 생활은 당신의 수입이 중단된 이후에 비로소 시작되며, 사망하기 전까지 끝나지 않을 것이기 때문이다. 더 큰 문제에 대비해 더 많은 준비를 해야 하는 것은 당연하다.

사실 노후 자금을 충분히 준비하기 위해서는 전체 수입의 20% 이상은 투자를 해야 한다. 따라서 내가 제시한 비율은 반드시 지켜야 할 최소 비율로 생각하는 게 좋다.

처한 상황에 따라서 노후 자금의 비율은 바뀔 수 있다. 만약 당신이 독신주의자이기 때문에, 또는 어떤 이유로든 노후를 혼자 보내게 될 가능성이 높다면 매월 저축할 수 있는 돈의 30% 이상을 노후 자금 마련을 위해 투자하라. 이는 최소 비율이다. 당신의 노후는 다른 사람들에 비해 좀 더 무거운 주제가 될 수 있다. 당신이 이미 40대 중반을 넘었다면 노후 문제는 이제 현실이라고 생각해야 한다. 하지만 공교롭게도 자녀의 교육을 위해 가장 많은 돈을 지출해야 하는 시기이므로 투자 비율을 지키기 위해서는 좀 더 큰 노력과 구체적인 고민이 필요할 것이다.

노후 자금은 장기적인 계획으로 투자할 수 있으므로 주식형에 투자하되, 변액연금보험에 투자한다. (만약 투자 위험을 감수하고 싶지 않다면 채권형인 금리형 연금보험에 투자하는 것도 괜찮다.)

　변액연금보험은 납입 보험료를 펀드에 투자하는 연금보험으로 이때 펀드는 주식과 채권에 함께 투자하는 혼합형펀드의 성격을 가지고 있다. 그리고 투자 수익률이 좋지 않아 원금 손실이 생겨도 연금 수령 시점까지 유지만 하면 그 동안 납입한 보험료 원금을 기준으로 계산된 연금액을 지급한다. 이를 '최저연금적립금 보증제도'라고 하는데, 쉽게 말하면 투자 실적 악화 때에도 원금이 보장된다는 뜻이다. 단, 이를 위해 보험사는 매년 별도의 수수료를 펀드에서 차감하며, 연금 수령 시점이 되기 전에 해지하면 원금은 보장되지 않는다.

　현재 노후 자금 마련을 목적으로 다른 종류의 연금상품이나 연금 전환이 가능한 저축성 보험 등에 투자하고 있다면 이런 상품을 해지하고, 꼭 변액연금보험으로 갈아탈 필요는 없다. 왜냐하면 연금상품을 갈아타려면 그동안 소득공제로 돌려 받았던 세금을 반납해야 하거나 사업비에 의한 원금 손실 등으로 인해 많은 비용이 발생될 수 있으며, 이렇게 지출된 비용을 새로운 상품에 가입하여 다시 수익으로 메우려면 상당히 오랜 시간이 걸리기 때문이다. 물론 장기적으로 보면 기존에 투자하던 상품을 정리하고 다른 상품에 투자를 시작하는 게 오히려 더 유리한 경우도 있다. 하지만 이런 결정은 충분히 검토한 후 스스로 확신이 설 때에만 해야 한다. '세상에서 가장 좋은 금융상품'이란 없다. 자신의 투자 계획과 투자 목적에 적합하다면 그것이 곧 가장 좋은 금융상품이다.

다만, 노후 자금 마련을 목적으로 투자할 금융상품을 선택할 때 꼭 고려해야 하는 조건이 있다. '종신연금 수령이 가능한가'하는 점이다.

종신연금이란 살아있는 동안 기간에 제한 없이 그 동안 투자하여 모은 돈(납입보험료＋연금수령직전까지의 수익)을 분할하여 연금으로 지급한다는 뜻으로, 생명보험사의 연금보험이 가지고 있는 전통적인 기능이기도 하다.

인간의 수명을 예측하기는 어렵기 때문에, 노후에 돈이 바닥나지 않고 사망 직전까지 연금을 받을 수 있다는 점은 매우 큰 의미를 갖는다. 이런 점에서만 본다면 국민연금이나 공무원연금과 같은 공적연금에 강제로 가입하여 불입하는 돈을 아깝다고만 생각해서도 안 된다. 왜냐하면 공적연금은 일정 기간 이상 가입되어 보험료를 꾸준히 납입했다면 노후에 종신연금을 지급하고 이때의 연금액은 물가 등에 연동하여 매년 조정되기 때문에 물가 상승에 따른 연금액의 실질 가치도 어느 정도 유지할 수 있기 때문이다. 따라서 적은 돈이라도 변액연금보험에 장기간 투자하여 노후에 종신연금을 수령할 수 있다면 공적연금에서 지급하는 종신연금과 함께 노후 생활에 필요한 최소 생계비 정도는 확보할 수 있을 것이다.

변액연금보험도 투자한 돈이 전부 펀드에 투입되는 것은 아니기 때문에 10년 이상 유지해야만 비용 대비 충분한 수익을 얻을 수 있다. 따라서 은퇴(또는 퇴직) 시기가 임박했거나 어떤 이유로든 충분한 투자 기간을 확보하기 어렵다면 펀드나 적금 등 다른 금융상품에 투자하여 노후 자금을 마련해야 한다. 그리고 이렇게 모은 돈으로 일시납즉시연금보험에 가입하면 종신연금을 수령할 수 있다. 일시납즉시연금보험이란 목돈을 일시에 납입하면 다음 달부터 바로 종신연금을 지급하는 상품이다.

 나는 은퇴 전까지 점차적으로 연금보험의 투자 비중을 늘려나갈 것이며, 은퇴 후에는 자산의 상당 부분을 연금 자산의 형태로 보유할 것이다. 왜냐하면 판단력이 흐려지고, 마음이 약해지는 노후에는 많은 자산을 처분 가능한 형태로 가지고 있기보다는 적은 돈이라도 정기적인 소득을 평생 유지할 수 있는 형태로 보유하는 게 안전하다고 믿기 때문이다. 특히 연금보험에 가입한 후 일단 종신연금을 수령하기 시작하면 본인을 포함한 어느 누구도 중도에 해지하여 해약환급금을 찾아 갈 수 없다. 따라서 노후에 있을지 모를 주변 사람들의 금전 요구나 돈을 노리고 접근하는 사기꾼들로부터 은퇴 자산을 보호할 수 있으며, 내가 연금을 수령하던 중 일찍 사망하면 최소 보증 지급 기간이 있기 때문에 아내와 딸이 나 대신 남은 기간의 연금을 수령할 수 있다. 이처럼 노후에도 바닥나지 않는 평생소득의 꿈은 나의 노력으로 얼마든지 현실이 될 수 있다.

연금보험

연금보험은 소득공제 혜택을 주는 '소득공제형 연금보험'과 소득공제 혜택은 없지만 가입 후 일정 기간(현행 10년)이 지나면 비과세 혜택을 주는 '비과세 연금보험'으로 구분할 수 있다.

소득공제형 연금보험은 흔히 연금저축보험이라고 불리는데, 2000년 12월 31일 이전에 가입한 상품에 대해서는 납입 보험료의 40%(현행 연간 72만 원 한도)를 소득공제 받을 수 있으며, 노후에 수령하는 연금액에 대해서는 비과세 된다(만 55세 이후부터 최소 5년 이상 연금으로 받아야 비과세). 하지만 납입 기간이 끝나기 전에 해지하거나 납입 기간이 끝난 후라도 연금이 아닌 일시금으로 받게 되면 이자소득세(주민세를 포함하여 현행 15.4%, 지급기관 원천징수)를 내야 한다. 2001년 1월 1일 이후에 가입한 소득공제형 연금보험에 대해서는 납입 보험료 전액(확정기여형 퇴직연금의 본인 부담액을 포함하여 현행 연간 300만 원 한도, 2000년 12월 31일 이전에 가입한 상품과는 별도로 소득공제 가능)을 소득공제 받을 수 있지만 노후에 수령하는 연금액에 대해서는 연금소득세(주민세를 포함하여 현행 5.5%, 지급기관 원천징수, 납입 기간 중 소득공제 받은 금액과 이자 부분에 대해 과세)를 내야 하며, 공적연금 및 퇴직연금에서 수령하는 연금액과 합산하여 일정금액(현행 600만 원)을 초과할 경우에는 다른 종류의 소득과 합산하여 종합소득세를 신고 납부해야 한다. 또한 납입 기간이 끝나기 전 해지하거나 납입 기간이 끝난 후라도 연금이 아닌 일시금으로 받게 되면 수령액에 대해 기타소득세(주민세를 포함하여 현행 22%, 지급기관 원천징수, 납입 기간 중 소득공제 받은 금액과 이자 부분에 대해 과세, 만 55세 이후 5년 이상 연금을 받아야 면제)를 내야 하며, 5년 이내에 해지하면 매년 납입한 금액(현행 300만 원 이내)의 누계액에 대해 해지가산세(주민세를 포함하여 현행 2.2%)도 함께 내야 한다. 이런 규정은 연금저축보험뿐만 아니라 소득공제 혜택을 주는 은행의 연금신탁과 증권사의 연금펀드 등에도 똑같이 적용된다. 참고로 국민연금, 공무원연금 등 공적연금에 납입하는 연금보험료에 대해서도 2002년부터는 전액 소득공제 혜택을 주고 있다. 대신 2001년 이후에 납입한 부분에 대해서는 역시 연금을 수령할 때 연금소득세를 내야 한다.

소득공제와 관련하여 좀 더 자세한 내용이 알고 싶다면 납세자연맹 홈페이지(www.koreatax.org)에 방문하여 확인하기 바란다. 이곳에 방문하면 생활 관련 세금에 관한 다양한 정보와 사례를 일반인들이 이해하기 쉽게 잘 정리해 두었을 그뿐만 아니라 간단한 무료 상담도 받을 수 있다. 또한 국세청의 홈페이지(www.nts.go.kr)에서도 일반인을 위한 다양한 세금 정보 서비스를 제공하고 있다.

반면에 비과세 연금보험은 소득공제 혜택은 받을 수 없지만 가입 후 일정 기간(현행 10년)이 지나면 연금에 대한 세금은 물론 중도 해지 때 이자에 대한 세금도 전혀 낼 필요가 없다. 비과세 연금보험은 운용방식에 따라 금리형연금보험(금리연동형 또는 금리확정형)과 변액연금보험 등으로 구분할 수 있으며, 최근에는 파생상품을 결합한 연금보험도 판매되고 있다.

연금보험은 연금 수령 시점이 되면 그 동안 투자하여 모은 돈(납입보험료 + 연금수령 직전까지의 수익)을 분할하여 연금으로 받게 되는데, 수령 방법은 종신연금형, 확정연금형, 상속연금형 등 다양하게 선택할 수 있다. 종신연금형을 선택하면 보험사는 종신연금을 지급하며, 확정연금형을 선택하면 5년, 10년, 15년, 20년 등 가입자가 지정한 기간 동안 연금을 지급한 후 계약이 종료된다. 상속연금형을 선택하면 연금 수령 시점까지 모은 돈을 원금으로 하여 여기서 발생되는 이자만 지급하며, 원금은 가입자 사망 때 가족에게 지급(상속)한다. 그리고 종신연금형으로 연금을 수령하면 중도 해지가 불가능하지만 확정연금형으로 연금을 수령하던 중 해지하면 남은 기간의 연금액을 할인하여 일시금으로 받을 수 있으며, 상속연금형으로 연금을 수령하던 중 해지하면 원금(납입보험료 + 연금수령 직전까지의 수익)의 대부분을 일시금으로 돌려 받을 수 있다.

연금보험은 아니지만 만기 또는 일정 기간 이후에는 연금으로 전환하여 연금을 수령할 수 있는 저축성 보험들도 많이 판매되고 있다. 차이점은 연금보험은 가입 시점의 평균수명을 종신연금 지급액 계산에 적용하지만 연금 전환이 가능한 저축성 보험은 가입 시점이 아닌 연금 전환 시점의 평균수명을 적용한다. 따라서 연금 수령을 가장 중요한 목적으로 한다면 연금 전환이 가능한 저축성 보험보다는 연금보험에 가입하는 게 유리하다. 왜냐하면 평균수명이 연장 추세임을 고려했을 때(평균수명이 길어질수록 연금액은 적어진다.) 가입 시점의 평균수명을 연금액 계산에 적용하는 게 가입자 입장에서는 유리하기 때문이다.

기타 다른 목적을 위한 투자

매월 저축할 수 있는 돈 중에서 자녀 대학 자금과 노후 자금을 마련하기 위한 30%를 제외한 나머지 70%는 '채권형:주식형 = 50:50'의 비율로 배분하여 투자한다. 내가 이 비율을 기준으로 제시하는 이유는 투자 위험과 투자 수익간의 균형을 유지하기에 가장 무난한 비율이라고 생각하기 때문이다.

예를 들어 집에서 직장까지 자동차를 운전하여 출근하는 경우를 생각해 보자. 만약 자동차에 브레이크 페달은 없고 가속 페달만 있다면, 안전하게 목적지까지 도착할 수 없을 것이다. 중간중간 반복적으로 브레이크 페달을 밟아 줘야만 앞 차와의 충돌도 피하고, 횡단보도를 지나는 사람도 피해갈 수 있다. 즉 브레이크 페달은 운전 때 발생할 수 있는 사고 위험을 없애거나 줄여주는 역할을 한다. 반대로 가속 페달은 없고 브레이크 페달만 있다면, 출발조차 할 수 없기 때문에 목적지까지 도착하는 것은 아예 불가능하다. 따라서 브레이크 페달과 가속 페달을 번갈아 가며, 균형 있게 밟아 주어야만 안전하게 목적지까지 도착할 수 있다.

이를 투자에 비유하면 채권형은 브레이크 페달, 주식형은 가속 페달의 역할을 하게 된다. 즉 안정성이 강한 채권형은 모든 돈을 주식형에만 투자했을 때 발생할 수 있는 투자 위험을 줄이는 역할을 하며, 수익성이 강한 주식형은 투자 수익을 높이는 역할을 한다. 따라서 '채권형:주식형 = 50:50'의 투자 비율을 유지하면 투자 위험과 투자 수익 간의 균형을 적절히 유지할 수 있게 된다. 이 비율을 기준으로 투자 위험을 줄이는 게 더 중요하다고 생각하는 사람(보수적인 투자 성향)은 채권형의 투자 비중을 높이고(60:40, 70:30 등), 높은 투자 수익을 얻는 게 더 중요하다고 생각하는 사람(공격적인 투자 성향)은 주식형의 투자 비중을 높이면(40:60, 30:70 등) 된다.

이때 주의할 것은 자녀 대학 자금과 노후 자금 마련을 위해 매월 저축할 수 있는 돈의 30%를 우선 주식형에 투자할 경우, 나머지 돈을 50:50으로 나누어 투자하더라도 전체적인 주식형의 투자 비율은 이미 65%에 이르게 된다는 점이다. 따라서 주식형의 투자 비중을 높이려 한다면 이 점을 고려해서 결정한다.

하지만 1~2년 이내에 주택을 구입할 계획이거나 전세금을 올려줘야 하는 등 가까운 미래에 많은 돈을 사용할 계획이 있다면 투자 성향에 관계 없이 채권형의 투자 비중을 높이고, 주식형의 투자 비중을 낮추어야 한다. 왜냐하면 돈을 사용해야 하는 시기가 다가올수록 투자 수익보다는 필요한 돈을 제때에 정확히 회수하는 게 훨씬 더 중요하기 때문이다. 돈이 필요한 시점이 코 앞에 다가 왔는데, 주식형의 투자 비중이 높은 상태에서 주가가 큰 폭으로 하락하면 필요한 자금을 조달하는 데 어려움이 생길 수 있다.

자동차를 운전하다가 목적지에 이르면 가속 페달에서 발을 떼고, 서서히 브레이크 페달을 밟아 줘야 하는 것과도 같은 이치이다. 설령 주식형에 투자된 돈에 손실이 생긴 상태라도 이런 경우에는 원금 회복에 대한 미련을 버리는 게 좋다. 그렇지 않고 버티다가 더 큰 손실이 생기면 돈이 필요한 시점에 낭패를 볼 수 있기 때문이다.

자녀 대학 자금과 노후 자금 마련을 위해 투자하는 돈도 마찬가지다. 자녀가 대학에 입학할 시기가 다가오거나 본인이 은퇴(또는 퇴직)할 시기가 다가오면 채권형의 투자 비중을 높이고, 주식형의 투자 비중을 낮추어서 그 동안 자란 열매를 수확하기 위한 준비를 해야 한다.

특히 은퇴 시기가 임박했거나 이미 은퇴했다면 수익성보다는 안정성에 무게를 두고 투자를 해야 한다. 따라서 이런 경우에는 채권형의 투자 비중을 최소 70% 이상으로 유지해야 한다.

구체적으로는 다음과 같다.

매월 저축할 수 있는 돈은 '1년 만기 정기적금:주식형펀드 = 50:50'의 비율로 배분하여 투자하고, 현재 보유 중인 목돈도 '1년 만기 정기예금:주식형펀드 = 50:50'의 비율로 배분하여 투자한다. 그리고 1년 뒤 정기적금의 만기일에 받게 되는 목돈은 정기예금에 다시 투자함과 동시에 새로운 기간을 정하여 정기적금의 투자를 계속한다. 이를 위해 가급적 정기적금과 정기예금의 만기일을 일치시키는 게 돈을 관리하기에 편리하다(정기적금 대신 MMF나 CMA에 매월 일정한 금액을 적립하는 것도 좋은 방법이다.). 주식형펀드에 투자된 돈은 계속 쌓여 나갈 것이므로 투자 비율을 조정해야 하는 경우 외에는 같은 방법으로 매월 투자를 계속한다.

● 모으고, 묶고, 굴리고

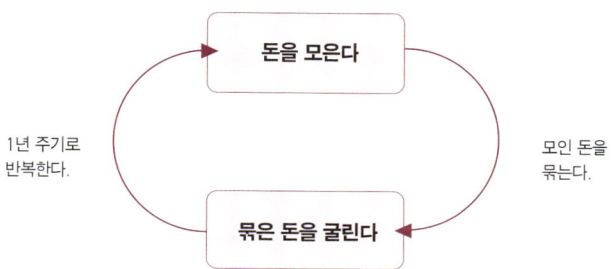

그리고 이런 식의 투자 행위를 매년 반복한다. 즉 1년 동안 돈을 모으고, 1년 후 모인 돈을 묶어서 굴리는 투자를 반복하는 것이다.

이때 주의해야 할 점은 모은 돈을 묶어서 다시 정기예금에 투자하기 전, 향후 1년 이내에(정기예금의 다음 만기가 돌아오기 전에) 많은 돈을 사용할 계획이 있다면 그때 필요한 돈은 MMF(또는 CMA)에 따로 옮겨 놓는다. 또한 그 사이 예비자금을 많이 지출하여 예비 통장의 잔액이 부족해졌다면 예비자금을 보충한다. 그렇지 않으면 정기예금이나 정기적금을 중도에 해지해야 하는 문제가 생길 수 있다. 이를 방지하기 위해 정기예금은 1개의 계좌로 가입하기보다는 2개 이상의 계좌로 나누어서 가입해 예상치 못한 일이 생겼을 때 이자 손실을 줄이도록 한다.

예를 들어 2,000만 원을 1개의 정기예금 계좌에 묶어 두었는데, 1,000만 원을 급하게 사용할 일이 생기면 부분 해지가 되지 않기 때문에 2,000만 원 전체에 대해 약정된 이자를 받지 못한다. 하지만 1,000만 원씩 2개의 계좌로 나누어서 가입했다면 나머지 한 개의 계좌는 계속 유지할 수 있으므로 1,000만 원에 대한 이자 손실만 발생한다. 물론 부분 해지 또는 인출이 가능한 정기예금도 있지만 만기전에 인출이 가능하다는 생각을 하게 되면 필요할 때마다 손을 대고 싶은 게 사람 마음이다. 따라서 일단 돈을 묶어 두기로 결정했다면 부가적 기능보다는 투자 목적을 달성하는 데 집중하기 바란다.

현재 비과세 장기적금(장기주택마련저축)이나 청약통장 등에 투자하고 있다면 이런 상품들을 해지하거나 바꿀 필요는 없다. 다른 투자와 병행하면 된다.

투자 비율의 조정

채권형과 주식형의 투자 비율을 결정하고, 이에 맞추어 투자를 하더라도 시간이 경과하면서 두 개의 비율은 자연적으로 변하게 된다. 왜냐하면 채권형은 자산 가치의 변동폭이 크지 않지만 주식형은 자산 가치의 변동폭이 매우 크기 때문에 주가가 상승하면 자연적으로 주식형의 투자 비중이 높아지고, 반대로 주가가 하락하면 주식형의 투자 비중이 낮아지기 때문이다.

예를 들어 2002년 초부터 2004년 말까지 1,000만 원을 '정기예금(1년 만기):주식형펀드(종합주가지수) = 50:50'의 비율로 투자했다면,

● 2002년부터 1,000만 원을 '정기예금:주식형펀드=50:50'의 비율로 투자했다면

구분	최초 비율	2002년 초	2002년 말	2003년 말	2004년 말
정기예금	50.0%	5,000,000	5,247,500	5,470,519	5,682,228
주식형펀드	50.0%	5,000,000	4,523,569	5,843,304	6,457,402

(단위 : 원)

2002년 말에는 비율이 '54:46'으로 바뀌어 있을 것이며, 2003년 말에는 '48:52', 2004년 말에는 '47:53'으로 바뀌어 있을 것이다. 따라서 처음에 결정한 투자 비율을 장기간 유지하기 위해서는 정기적으로 변화된 비율을 '50:50'으로 되돌릴 필요가 있다. 이처럼 변화된 투자 비율을 본래의 비율로 되돌리는 행위를 리밸런싱(rebalancing)이라고 한다. 리밸런싱은 주가가 상승했을 때 주식형에서 발생된 수익을 일부 실현하여 안전한 채권형으로 옮기는 결과를 가져오며, 주가가 하락했을 때는 채권형에 투자된 돈의 일부를 주식형으로 옮김으로써 하락한 주가가 향후 상승하게 될 때 좀 더 높은 수익을 기대할 수 있도록 해준다.

하지만 리밸런싱을 너무 자주 실시하면 주가 상승기에는 충분한 수익을 얻지 못하게 되며, 주가 하락기에는 조정하기 전보다 더 많은 손실이 생길 수도 있기 때문에 1년에 한두 번 정도만 실시할 것을 권한다.

리밸런싱을 하는 목적은 일관된 자산 배분 전략을 유지하기 위한

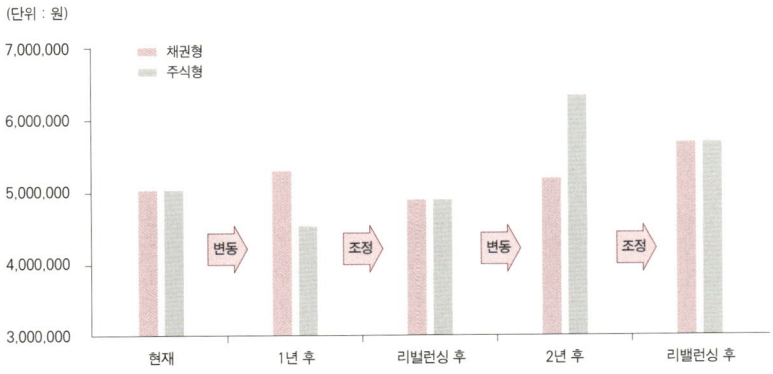
● 투자 비율의 조정 사례, 채권형:주식형=50:50

것이지 단기적인 고수익을 얻기 위한 게 아니다. 따라서 주식시장의 전망을 예측하면서 투자 비율을 적극적으로 조정하는 행위는 투자 위험을 증가시키므로 권하고 싶지 않다. 또한 자녀 대학 자금과 노후 자금 등을 마련하기 위해 투자하는 돈에 대해서는 리밸런싱의 대상에 포함시키기보다는 꾸준히 투자를 계속한다.

투자 비율의 조정은 리밸런싱을 하기 위해서뿐만 아니라 투자 비율 자체를 변경해야 할 필요가 있을 때에도 실시한다. 예를 들어 처음에는 투자 비율을 '채권형:주식형 = 50:50'으로 결정하고 투자를 시작했지만, 이 비율을 60:40 또는 70:30 등으로 변경해야 할 필요가 있을 때에도 할 수 있다는 뜻이다.

이처럼 투자 비율의 변경에 대해 검토해야 할 때는 크게 세 가지의 경우로 나누어 볼 수 있다.

① 많은 돈을 회수해야 하는 시기가 다가올 때
　→ 채권형의 투자 비중을 높여야 한다.
② 금리 인상으로 채권형의 기대 수익률이 증가했을 때
　→ 채권형의 투자 비중을 높이는 것에 대해 고려해 볼 수 있다.
③ 금리 하락으로 채권형의 기대 수익률이 감소했을 때
　→ 주식형의 투자 비중을 높이는 것에 대해 고려해 볼 수 있다.

투자 비율을 결정하고 조정하는 행위에 관해서는 명확한 기준이 존재하지 않는다. 또한 이렇게 하면 반드시 좋은 결과를 얻을 수 있다는 법칙도 존재하지 않는다. 다만 금융 시장의 변화를 예측하고 이에 따라 채권형과 주식형을 오가는 게 생각만큼 쉬운 일이 아니기 때문에, 장기간 복리 투자를 지속하기 위해서는 금융 시장의 단기적 변화에 흔들리지 말고 일관된 자산 배분 전략을 유지하는 게 중요하다.

나만의 포트폴리오
투자 목적에 따른 금융상품의 선택과 관련하여 지금까지 말했던 내용을 정리하면 다음과 같다.

현재 당신에게 1,000만 원의 목돈이 있고, 매월 평균 100만 원을 투자할 수 있다고 가정해 보자. 이 경우에는 다음과 같이 한다.

- 매월 10만 원(이상)은 자녀 대학자금 마련을 위해 주식형펀드에 투자한다.
- 매월 20만 원(이상)은 노후 자금 마련을 위해 변액연금보험에 투자한다. 단, 변액연금보험은 일단 가입하면 보험료를 조정하기 어렵기 때문에 가입 금액을 결정하는 데 신중해야 한다.
- 매월 70만 원은 다른 목적을 위해 투자하되, 절반인 35만 원은 1년 만기 정기적금이나 MMF(또는 CMA)에 투자하고, 나머지 절반인 35만 원은 주식형펀드에 투자한다.
- 목돈 1,000만 원 중 절반인 500만 원은 1년 만기 정기예금에 투자하고, 나머지 절반인 500만 원은 주식형펀드에 투자한다. 이때 주식형펀드에 투자하는 돈 500만 원은 한 번에 넣지 말고, 매월 일정한 금액으로 나누어서 투자한다.(예. 매월 50만 원씩 10회)
- 매월 35만 원씩 정기적금이나 MMF에 투자하면 1년 뒤에는 420만 원 이상의 목돈이 되어 있을 것이다. 또한 정기예금에 투자한 목돈도 1년 뒤 이자가 붙어 500만 원 이상의 돈이 되어 있을 것이다. 따라서 이 돈을 묶으면 920만 원 이상의 목돈이 된다. 이돈을 정기예금에 다시 투자함과 동시에 다음 1년 동안 다시 정기적금이나 MMF에 투자를 계속한다.

- 매월 35만 원씩 주식형펀드에 투자하는 돈은 계속 쌓여 나갈 것이므로 투자 비율을 조정해야 하는 경우 외에는 같은 방법으로 계속 투자한다.
- 1년에 한번 정도는(정기예금의 만기일에 맞추어) 리밸런싱을 실시하며, 필요한 경우에는 투자 비율을 변경한다.
- 투자 성향이 보수적인 사람과 중단기적으로 많은 돈을 사용해야 하는 사람은 정기적금과 정기예금의 투자 비중을 60 또는 70 이상으로 유지해야 한다. 은퇴(또는 퇴직)시기가 얼마 남지 않은 경우에도 마찬가지이다.
- 어떤 이유로든 많은 돈을 사용해야 하는 시기가 다가오면 주식형펀드에 투자된 돈을 서서히 MMF(또는 CMA)로 옮겨야 하며, 경우에 따라서는 주식형펀드의 투자를 중단하고, 이미 주식형펀드에 투자된 돈도 전부 MMF로 옮겨야 한다.
- 매년 저축할 수 있는 돈의 액수가 달라지더라도 결정된 투자 비율을 꾸준히 유지한다.

● 돈 관리 시스템

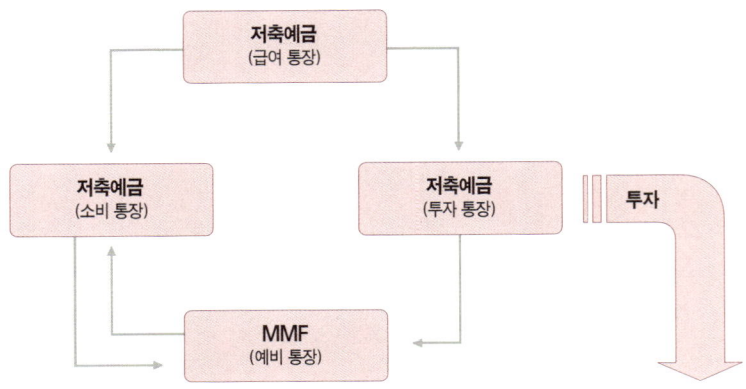

구분		금융상품	투자목적
30%	주식형	주식형펀드1	자녀교육자금
		변액연금보험	노후자금
70%	채권형	정기적금 (또는 MMF)	기타 목적자금
		정기예금	
	주식형	주식형펀드2	

　이렇게 투자를 하면 전체적인 돈 관리 시스템은 위의 그림과 같은 형태를 갖추게 된다.
　이 시스템이 갖고 있는 일련의 규칙을 이해하고, 이에 따라 돈 관리를 한다면 저축액을 늘리고 복리 투자를 지속하는 데 많은 도움이 된다.

참고로 나의 경우 내 딸의 대학 자금 마련을 위해 매월 일정액을 주식형펀드에 자동이체 방식으로 투자하고 있으며, 여윳돈이 생긴 달에는 추가 입금 방식을 이용해 평소보다 많은 돈을 투자하기도 한다. 그리고 노후 자금 마련을 위해서는 변액연금보험에 투자하고 있으며, 역시 추가 입금 방식을 이용해 때로는 많은 돈을 투자하기도 한다. 또한 조기 사망에 대비하여 가입한 종신보험을 노후에는 연금으로 전환하여 종신연금을 수령할 것이다.

기타 다른 목적의 투자를 위해서는 다음과 같이 투자하고 있다.

돈을 모으는 목적으로는 CMA(매월 직접 이체 방식으로 적립)와 KOSPI200 지수 ETF에 주로 투자하고 있다(ETF는 적립식펀드처럼 자동이체 방식으로 투자할 수 없고, 증권사의 위탁계좌를 이용해 주식처럼 직접 매입해야 한다.). 정기적금이나 적립식펀드처럼 자동이체 방식으로 투자하지 않고, 매월 직접 이체하거나 직접 매입하기 때문에 불편한 점은 있지만 이미 습관이 되었기 때문에 나에게는 매우 쉬운 작업이다.

묶은 돈을 굴리는 목적으로는 상호저축은행의 1년 만기 정기예금(만기지급식, 확정금리형)과 KOSPI200지수 ETF에 주로 투자하고 있다. 그리고 정기예금 만기일에 맞추어 1년에 한번 리밸런싱을 실시하고 있으며, 필요한 경우 투자 비율을 변경한다.

나는 '정기예금:주식형펀드(ETF)'의 투자 비율을 다음과 같은 기준에 의해 결정하고 있다.

① 1년 만기 정기예금의 수익률이 연 4% 미만이면 주식형펀드의 투자 비율을 40 이상으로 유지한다.
② 1년 만기 정기예금의 수익률이 연 4% 이상이면 '60:40'의 투자 비율을 유지한다.
③ 1년 만기 정기예금의 수익률이 연 5% 이상이면 '70:30'의 투자 비율을 유지한다.
④ 1년 만기 정기예금의 수익률이 연 6% 이상이면 주식형펀드의 투자 비율을 20 이하로 유지한다.

즉 정기예금의 수익률이 1%포인트 오르면 정기예금의 투자 비중도 10%포인트 올리는 식이다.

이처럼 금리 변화에 따라 투자 비율을 변경하려는 나의 투자 전략에는 소극적이나마 주가의 변화에 대응해 보려는 의도가 반영되어 있다. (반드시 그렇지는 않지만) 금리가 상승하면 주가는 하락하고, 금리가 하락하면 주가는 상승하는 경향을 보인다. 즉 오늘 새로 가입하는 정기예금의 수익률이 1년 전에 비해 상승한 상태라면 향후 주가가 하락할 수 있다는 것을 뜻하며, 반대의 상황이라면 향후 주가가 상승할 수 있다는 것을 뜻한다. 이는 지난 1년 동안 금리가 꾸준히 상승했거나 하락했다는 뜻도 되기 때문에 주가의 하락 또는 상승 추세가 이미 진행 중일 수도 있다. 따라서 정기예금의 수익률이 상승하면 향후 주가 하락에 대비해 주식 투자의 비중을 줄이고, 반대의 상황이라면 향후 주가 상승을 기대하며 주식 투자의 비중을 늘리려는 것이다.

금리는 주가처럼 단기적인 변동성이 심하지는 않기 때문에 외환위기와 같은 급격한 시장 충격이 있지 않다면 어느 날 갑자기 정기예금의 수익률이 1%포인트씩 상승하거나 하락하기는 어렵다. 따라서 투자 비율을 변경해야 할 일이 자주 생기지는 않는다.

다만 딸의 대학 자금과 나와 아내의 노후 자금 마련을 위해 매월 투자하는 돈은 금리 변화에 관계 없이 장기간 주식을 조금씩 사 모은다는 생각으로 꾸준히 투자해 나갈 것이다.

나는 정기예금 만기일을 전후로 돈을 관리하기 위해 가장 많은 시간을 투자하며, 때로는 하루 종일 계산기만 두드릴 때도 있다. 이때 가장 중요하게 확인하는 것은 1년간 총 얼마를 저축했으며, 지난해에 비해 순자산이 얼마나 늘었는지를 확인하는 일이다. 1년간의 저축액과 순자산의 증가율은 나와 아내가 지난 한 해 동안 얼마나 열심히 살았는지를 보여주는 성적표이기도 하다.

또한 재투자를 하기에 앞서 향후 1년 이내에, 그리고 2~3년 이내에 특별히 많은 돈을 지출할 일이 있는지 아내와 상의한다. 다시 한 번 강조하건대 단기간에 많은 돈을 사용할 계획이 있다면 재투자하기 전에 필요한 자금을 미리 떼어 두어야 하며, 묶어서 굴리는 돈의 대부분을 지출해야 할 만큼 많은 돈이 필요한 계획이라면 주식형펀드에 투자된 돈을 전부 MMF로 옮기거나 단계적으로 옮겨야 한다.

상호저축은행의 월복리 정기예금

정기예금은 주거래 은행의 상품을 이용하는 것도 좋지만 수익률을 생각한다면 상호저축은행의 정기예금을 이용하는 게 더 유리하다. 상호저축은행은 일반 은행에 비해 1%포인트 정도 이자를 더 준다. 그뿐만 아니라 일반 은행의 만기지급식 정기예금은 대부분 단리로 계산된 이자를 지급하거나 연복리로 계산된 이자를 지급하는데 비해 상호저축은행의 만기지급식 정기예금은 월복리로 계산된 이자를 지급하는 상품들이 대부분이라 실제 수익률은 더 높아진다.

예를 들어 1,000만 원을 일반 은행의 1년 만기 정기예금에 연 5%의 이율로 투자하면, 1년 뒤에는 50만 원의 세전 이자가 발생하지만 상호저축은행의 1년 만기 정기예금에 동일한 이율로 투자하면, 1년 뒤에는 51만 1천원의 세전 이자가 발생한다. 이율은 연 5%로 동일하지만 실제 수익률은 상호저축은행의 정기예금이 0.11%포인트 더 높다. 게다가 평소 일반 은행보다 1%포인트 정도 이자를 더 주는 점을 고려하여 상호저축은행의 1년 만기 정기예금의 이율을 연 6%로 가정하면, 1년 뒤에는 61만 6천 원의 세전 이자가 발생하기 때문에 수익률의 차이는 연 1.1%포인트 이상으로 크게 벌어진다.

단, 상호저축은행은 일반 은행에 비해 신용도가 낮으므로 예금자 보호 대상 금액 이내(현행 원리금 포함 금융기관별 1인당 5,000만 원)에서 투자하는 게 좋다. 또한 상호저축은행이 파산하면 예금이나 적금에 투자한 돈을 돌려 받는데 최소 수개월에서 1년 이상이 소요될 수 있으며, 약정된 이자를 모두 받지 못할 수 있기 때문에 만기는 1년 이하로 관리하는 게 바람직하다. 상호저축은행의 신용도가 낮다는 것은 그만큼 파산 가능성이 일반 은행에 비해 높다는 뜻이다. 이런 위험성에 대해 크게 걱정이 된다면 일반 은행에 돈을 맡기는 편이 낫다.

재테크 정보 회사인 모네타(팍스넷)의 홈페이지(www.moneta.co.kr)에 방문하면 일반 은행 및 상호저축은행의 예금 이율을 한 눈에 비교해 볼 수 있으며, 펀드와 보험 등 다양한 금융 정보도 얻을 수 있다.

포트폴리오의 기대 수익률

제2장에서 투자자가 기대할 수 있는 투자 수익률을 다음과 같이 표현했다.

연간 기대 수익률
= 1년 만기 정기예금의 세후 수익률 + a 수익률

이때 정기예금의 세후 수익률은 투자 위험을 감수하지 않고도 얻을 수 있는 '무無위험 수익률'이고, a수익률은 투자 위험을 감수해야만 얻을 수 있는 '위험 보상률'이다.

예를 들어 정기예금의 세후 수익률이 연 4%일 때, 투자자가 주식형펀드에 투자하면서 연 10%의 세후 수익률을 기대하고 있다면 투자자는 투자 위험을 감수한 것에 대한 보상으로 연 6%의 a수익률을

기대한다는 뜻이 된다.

만약 투자자가 주식형펀드에 모든 돈을 투자하지 않고, 투자 위험을 분산하기 위해 '정기예금:주식형펀드 = 50:50'의 비율로 배분하여 투자한다면 전체 투자 금액에서 기대할 수 있는 세후 수익률은 연 7%로 낮아질 것이다. 왜냐하면 투자 위험이 절반으로 줄었기 때문에 a수익률의 기대치도 연 6%에서 연 3%로 낮아질 것이기 때문이다. 이때 전체 투자 금액에서 기대할 수 있는 세후 수익률을 '포트폴리오의 기대 수익률'이라고 한다.

투자를 할 때는 이처럼 포트폴리오의 기대 수익률을 정하고, 이에 근거하여 '정기예금:주식형펀드'의 투자 비율을 결정하는 일이 매우 중요하다. 그렇지 않으면 투자자가 포트폴리오의 기대 수익률을 얻기 위해 감수해야 하는 적정 수준의 위험보다 지나치게 높은 투자 위험에 노출될 수 있다.

예를 들어 포트폴리오의 기대 수익률을 연 4%로 유지하는 것을 목표로 하는 투자자가 있는데, 정기예금의 세후 수익률이 연 4%라면 그는 주식형펀드에 투자할 이유가 전혀 없다. 주식형펀드의 투자 비중 증가는 곧 투자 위험의 증가를 뜻한다. 위험을 감수하지 않고도 원하는 수익률을 얻을 수 있는데 굳이 주식형펀드에 투자하여 위험을 증가시킬 필요가 없다.

만약 정기예금의 세후 수익률이 연 3%로 하락했다면 이때는 정기예금에만 투자해서는 원하는 포트폴리오의 기대 수익률을 얻을 수 없기 때문에 주식형펀드에도 일부 투자해야 한다. 그러나 이 경우에도 많은 돈을 주식형펀드에 투자할 필요가 없다. 왜냐하면 투자자가 기대하는 주식형펀드의 세후 수익률이 연 10%라면 주식형펀드의 투자 비중은 15%정도를 유지하면 되기 때문이다. 따라서 주식형펀드의 투자 비중이 이를 넘게 되면 결과적으로 적정 수준을 초과하는 투자 위험에 노출되는 것이다. 물론 이 경우 포트폴리오의 기대 수익률도 함께 높아지게 되지만 이것이 투자자 스스로 의도한 게 아니라면 투자 위험을 필요 이상으로 증가시키는 행위일 뿐이다.

● **포트폴리오의 기대 수익률**

● **투자 비율**

포트폴리오	투자 비율 (%)	기대 수익률 (세후, 연복리)
정기예금	50	4.0%
주식형펀드	50	10.0%
포트폴리오 기대 수익률		7.0%

*포트폴리오 기대 수익률 = 50×4% + 50×10% = 7%

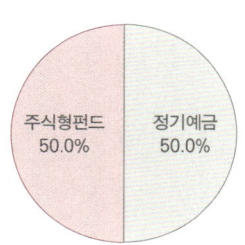

포트폴리오	투자 비율 (%)	기대 수익률 (세후, 연복리)
정기예금	30	4.0%
주식형펀드	70	10.0%
포트폴리오 기대 수익률		8.2%

*포트폴리오 기대 수익률 = 30×4% + 70×10% = 8.2%

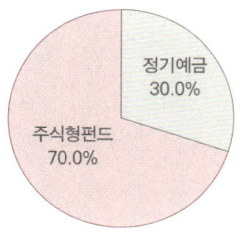

참고로 나의 경우 포트폴리오의 기대 수익률을 연평균 7% 내외로 유지하는 것을 목표로 한다. 최근 10년간의 평균적인 물가상승률이 연 3~4%인 점을 고려하면 이는 물가상승에 따른 돈의 가치를 유지하면서도 연 4% 내외의 실질 수익률을 얻을 수 있는 수준이다. 또한 장기 투자 때 주식형펀드의 세후 수익률을 연평균 8~12%로 기대하고 있다. 내가 1년 만기 정기예금의 수익률이 연 4% 미만일 때 주식형펀드의 투자 비율을 40% 이상으로 유지하고, 정기예금의 수익률 변화에 따라 투자 비율을 변경하려는 것은 이처럼 내가 기대하는 포트폴리오의 수익률을 고려하여 내린 결정이다.

주식형펀드의 기대 수익률

주식형펀드의 경우, 기대 수익률을 판단하기가 매우 어렵다. 당장 내일의 주가가 어떻게 변동될지도 알 수 없는 상황에서 미래의 수익률을 예상한다는 것 자체가 쉽지 않음은 당연하다. 또한 펀드매니저의 운용 능력에 의해 투자 결과가 크게 달라질 수 있다는 점도 기대 수익률을 예상하기 어렵게 만든다. 정확한 수익률은 시간이 지난 후 결과를 두고만 이야기할 수 있을 뿐이다. 따라서 나는 이에 대한 결론을 유도하기보다는 이 책을 읽는 독자가 주식형펀드의 기대 수익률을 판단하는 데 도움이 되리라는 생각에 1980년에서 2007년 까지 우리나라의 종합주가지수 수익률과 주식시장 환경 등을 분석하고 그

● **우리나라의 역대 종합주가지수**(연말 종가 기준, 1980.1.4=100)

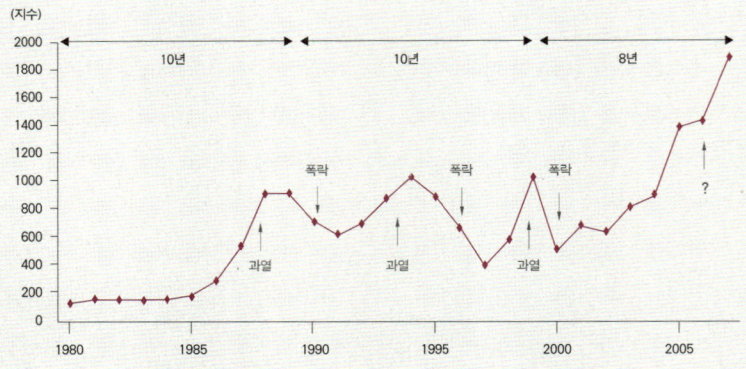

내용을 정리해 보았다.

위의 표는 1980년부터 2007년도까지의 우리나라 역대 종합주가지수 그래프이다. 1980년대 중반을 지나면서 과열 양상을 보였고, 1990년 주가 폭락 이후 2000년까지 전혀 예측할 수 없는 모습으로 과열과 폭락 현상이 반복해서 나타났음을 알 수 있다. 그리고 2001년 이후 2007년까지 다시 큰 폭으로 상승했다. 나는 1980년부터 2007년까지의 기간을 크게 10개의 구간으로 나누고, 통계청과 한국은행의 통계 자료를 분석하여, 각 기간 동안의 종합주가지수 평균 수익률과 정기예금 평균 수익률(세전)을 비교해 보았다. 또한 동기간 평균 물가상승률도 함께 계산해 보았다.

1980년부터 2007년까지 28년 동안의 종합주가지수 평균 수익률은 연 11.08%였다. 동기간 정기예금의 평균 수익률이 연 8.93%로 매우 높았기 때문에 이때의 위험보상률, 즉 투자 위험을 감수한 것에 대한 대가로 얻을 수 있는 a수익률은 연 2.15%였다. 복리 투자를 장기간 지속할 경우 1%포인트의 차이도 매우 큰 것이기 때문에 결코 낮은 위험보상률이라고 말할 수는 없지만 많은 사람이 생각하는 것만큼 주식과 정기예금의 수익률 차이가 그렇게 크지 않았다는 사실을 알 수 있다. 물론 표에서 정기예금 수익률은 세전 수익률이기 때문에 세금을 공제하고, 종합주가지수에는 반영되지 않은 연 1~2% 정도의 배당 수익률(전체 상장 기업들이 해마다 투자자들에게 지급하는 배당

● 투자기간 별 종합주가지수와 정기예금 수익률

투자기간	종합주가지수 평균수익률 (연복리)	1년만기 정기예금 평균수익률 (연복리)	α 수익률	평균물가상승률 (연복리)
1980년~2007년	11.08%	8.93%	2.15%	5.75%
1980년~1999년	12.36%	10.53%	1.83%	6.89%
1990년~2007년	4.17%	7.77%	-3.60%	4.48%
1980년~1989년	24.71%	11.03%	13.68%	8.08%
1990년~1999년	1.23%	10.03%	-8.80%	5.71%
1990년~2000년	-5.22%	9.84%	-15.06%	5.39%
2000년~2007년	7.96%	5.02%	2.94%	2.96%
2001년~2007년	20.83%	4.61%	16.22%	3.06%
2002년~2007년	18.26%	4.41%	13.85%	2.89%
2003년~2007년	24.76%	4.31%	20.45%	2.92%

* 종합주가지수 평균수익률 : 투자기간의 기시 지수 대비 기말 지수 적용
* 정기예금 평균수익률 : 1995년까지 평균 예금금리, 1996년부터 가중 평균수신금리(1~2년 만기) 적용
* 평균물가 상승률 : 산출기간의 기시 지수 대비 기말 지수 적용(전국소비자물가지수)
* 분석 대상 기초 데이터는 통계청과 한국은행의 통계자료 임

금에 의한 수익률)을 종합주가지수 수익률에 더하면, $α$수익률은 좀 더 높아질 것이다. 하지만 주식형펀드에 투자할 경우 전체 투자금액의 2~4% 정도의 비용을 매년 금융회사에 지불해야 하는 점을 고려하면 배당 수익률은 비용으로 상쇄될 것이며, 오히려 종합주가지수의 수익률도 1~2%포인트 정도 낮게 보는 게 타당해 보인다. 따라서 정

기예금 수익률에 세금을 고려하더라도 결과는 크게 달라지지 않을 것이다.

　1980년대 종합주가지수의 평균 수익률은 연 24.71%였고, 정기예금의 평균 수익률은 연 11.03%였다. 따라서 이 기간 동안의 a수익률은 13.68%로 매우 높았다. 80년대 중반 이후 흔히 '3저(저금리, 저유가, 저달러) 호황'이라고 불리는 경제 호황과 88올림픽 특수 등에 힘입어 80년대 후반의 주가는 급격히 상승하였다.

　외환위기를 겪었던 1990년대의 경우 정기예금 평균 수익률은 연 10.03%로 매우 높았던 반면 종합주가지수의 평균 수익률은 연 1.23% 밖에 되지 않았다. 따라서 이 기간 동안의 a수익률은 연 -8.80%이므로 무위험 수익률을 대부분 까먹은 꼴이다. 특히 박스권 장세로 표현되는 1990년부터 2000년까지, 11년 동안의 종합주가지수 평균 수익률은 연 -5.22%였다. 장기 투자를 하더라도 주가가 상승하지 못하면 크게 손해를 볼 수 있다는 것을 보여준다. 동기간 정기예금 평균 수익률이 연 9.84%였던 점을 고려하면 주식에 투자하기 위해서는 많은 용기가 필요해 보이기까지 한다.

　2000년대를 살펴보자. 2000년부터 2007년까지 종합주가지수 평균 수익률은 연 7.96%였고, a수익률은 연 2.94%였다. 주식시장 최고의 전성기라고 불리는 최근의 상황을 생각하면 그리 높지 않은 수치이기 때문에 의아할 수도 있다. 이는 산출 기간 중 IT버블 붕괴로 상징되는 2000년도의 주가 폭락기가 포함되어 있기 때문이다. 2000년의 종합주가지수 수익률은 연 -50.92%로 최악의 상황이었다. 만약 2000년 1월에 1억 원을 투자했다면, 2000년 12월에는 반 토막인 5,000만 원이 되었을 것이고, 이후 원금을 회복하려면 4년을 더 기다려야 했다.

2001년부터 2007년까지의 기간을 보면 그 이전과는 많이 다른 모습을 보였다. 이 기간 동안의 종합주가지수 평균 수익률은 연 20.83%로 매우 높았다. 반면에 정기예금 평균 수익률은 연 4.61%로 2000년 이전에 비하면 절반의 수준으로 낮아졌다. 따라서 α수익률도 연 16.22%로 매우 높았다. 특히 2003년부터 2007년까지 최근 5년 동안의 종합주가지수 평균 수익률은 연 24.76%, 정기예금 평균 수익률은 연 4.31%였으므로 α수익률은 무려 연 20.45%나 됐다.

여기서 눈 여겨 봐야 할 것은 물가상승률과 금리 그리고 α수익률과의 관계이다.

1980년~1999년까지(1기간)의 평균물가상승률은 연 6.89%로 2000년~2007년까지(2기간)의 평균물가상승률 연 3.06%의 2배 수준이었다. 또한 1기간의 평균 금리(정기예금 평균 수익률)는 연 10.53%로 2기간의 평균 금리인 연 5.02%에 비해 역시 2배 수준으로 매우 높았다. 반면에 1기간의 α수익률은 1.83%로 2기간의 α수익률인 2.94%에 비해 낮았으며, 특히 연 4%대의 저금리가 지속됐던 2001년~2007년까지의 a수익률인 16.22%와 비교하면 그 차이는 매우 컸다. 이처럼 물가, 금리, 주가와의 관계는 대체로 '물가상승 → 금리상승 → 주가하락 → 물가하락 → 금리하락 → 주가상승 → 물가상승'과 같은 순환구조를 지니게 된다. 이 중심에 금리가 있으며, 스태그플래이션(경기는 침체 상황이지만 물가는 오르는 현상)이나 하이퍼인플래이션(단기간에 물가가 이상 급등하는 현상) 등과 같이 경제 환경이 극단적으로 비정상적인 모습을 보일 때를 제외하면 금리의 변동은 향후 주가 수익률의 향방을 가늠해 볼 수 있는 매우 중요한 지표가 된다.

최근 많은 사람이 주식형펀드에 투자하면서 연 10%의 수익률도 적다고 생각한다. 그 이유는 종합주가지수 수익률이 한 해도 마이너스를 기록한 적이 없었던 2003년부터 2007년까지의 주식시장 호황 때문이다. 이 기간 동안 주식형펀드에 투자했던 사람들은 누가, 어떤 시기에, 어떤 방법으로 투자를 했더라도 주식시장에 머물러 있기만 했다면 대부분 높은 수익을 얻을 수 있었다. 주식형펀드 수익률에 대한 사람들의 기대치가 어느 정도인지는 다음의 조사 결과만 봐도 쉽게 짐작할 수 있다.

우리나라의 대표적인 펀드 평가 회사인 펀드닥터(제로인)가 발표한 '2007년 펀드 투자자 선호도 설문조사' 결과에 따르면 전체 응답자의 35%에 달하는 투자자들이 주식형펀드에 10년간 투자할 경우 연평균 15~20%의 수익을 기대한다고 답했고, 25%가 넘는 투자자들이 연평균 20~30%의 수익을 기대한다고 답했다고 한다. 심지어 연 30% 이상의 수익을 기대한다는 투자자들도 전체 응답자의 21%에 달했다고 한다(출처: 제로인 이슈리포트 '펀드 투자자 선호도 설문조사', 2008년 2월 13일, 김혜숙 펀드애널리스트). 연 30%의 수익률은 72법칙으로 단순히 계산해 봐도 매 2.4년 마다 투자 금액을 2배로 늘려주는 엄청난 수익률이다. 이처럼 요즘 많은 사람이 주식형펀드를 황금알을 낳는 거위 정도로 생각하고 있는 것 같다. 그리고 최근 펀드 투자를 통해 고수익을 경험한 투자자 중에는 스스로 투자에 재능이 있다고 생각하는 사람도 있는 것 같다(나는 자신을 펀드 투자의 귀재 수준으로 생각하는 사람도 만나 보았다.). 하지만 1980년 100으로 시작한 종합주가지수가 1000을 넘는 데 25년이 걸린 반면, 1000에서 1500을 넘어서기까지는 2년도 채 걸리지 않았으며, 1500에서 다시 2000을 넘보는 데는 6개월 밖에 걸리지 않았다는 사실에 대해 신중히 생각해 보는 사람들은 많지 않은 것 같다. 이렇게 단기간에 주가가 크게 상승한 배경에 대해 잠시 생각해 보자.

　주가는 주식을 팔려는 사람과 사려는 사람 간의 거래에 의해 형성되며, 수요와 공급의 법칙에 의해 결정된다. 따라서 주식을 사려는 사람이 팔려는 사람보다 많으면 주가는 상승하고, 팔려는 사람이 사려는 사람보다 많으면 주가는 하락한다. 또한 사려는 사람과 팔려는 사람의 수가 비슷하면 주가는 횡보하는 경향을 보인다. 그리고 이러한 수요와 공급의 변화는 투자자들의 심리에 의해 크게 좌우되기 때문에 금리, 물가, 경기 전망, 정치적 이슈 등 다양한 변수들에 의해 영향을 받게 된다.

주식을 살 때는 돈이 필요하다. 따라서 주식을 사려는 사람들이 많다는 것은 주식시장에 많은 돈이 풀려 있다는 것을 뜻한다. 이를 두고 흔히 주식시장에 유동성이 풍부하다고 말한다. 2002년 이후 주식시장이 초 호황을 이루게 된 가장 큰 원인도 유동성, 즉 주식에 대한 수요가 계속적으로 증가했기 때문이다. 이에 대해 전문가들의 주장은 크게 두 가지로 나뉜다.

하나는 그동안 한국 경제와 기업의 가치가 저평가되어 있었고, 이제야 비로소 제대로 평가 받기 시작했다는 주장이다. 또 다른 하나는 한국 경제의 기초 체력(펀더멘털)은 변한 게 없지만 저금리와 정부의 강력한 부동산시장 억제 정책 등이 원인이 되어 마땅한 투자처를 찾지 못한 투자 자금이 주식시장으로 몰렸기 때문이라는 주장이다.

누구의 주장이 맞든 간에 분명한 사실은 최근 5년간 그 어느 때보다 많은 돈이 주식시장으로 흘러 들어왔고, 주가가 큰 폭으로 상승했다는 점이다. 그 결과 2002년 259조 원이던 상장주식 시가총액은 2007년 952조 원으로 크게 증가했다. 과거의 주가 상승기 때와 다른 점은 2000년 이전에는 단기적인 시세 차익을 노린 투기 수요의 증가가 주가 상승을 주도 했다면, 2002년 이후에는 적립식펀드와 변액보

● 주식형펀드 수탁고 변화

구분	2001년	2002년	2003년	2004년	2005년	2006년	2007년
주식형펀드	7조 원	9조 원	10조 원	9조 원	37조 원	50조 원	137조 원

● 시가총액 중 주식형펀드의 투자 비중

구분	2000년	2001년	2002년	2003년	2004년	2005년	2006년
주식비중	4.9%	4.7%	5.8%	4.4%	3.1%	5.6%	7.3%

*주식비중은 주식시장(거래소+코스닥시가총액)에서 투신편입 주식이 차지하는 비중
(출처 : 자산운용협회)

험 등에 투자하는 개인 투자자들의 장기 투자 수요가 증가하면서 주가 상승에 한 몫을 단단히 했다는 점이다. 그뿐만 아니라 이들 중 상당 수가 주가 변동에 관계 없이 매월 일정액을 납입하는 방식으로 투자하고 있기 때문에 주식시장에 계속적인 유동성 공급원의 역할도 하고 있다. 또한 2007년 말 현재 220조 원에 이르는 국민연금의 주식 투자 비중도 꾸준히 확대되어 전체의 15% 이상이 주식시장에 들어와 있다.

최근 5년간 주가가 계속적으로 상승할 수 있었던 가장 큰 이유는 이처럼 주식시장에 공급된 유동성이 크게 증가하였고, 증가된 유동성이 장기간 주식시장에 머물렀으며, 추가적인 유동성 공급 또한 계

속되었기 때문이다. 불 난 집에 기름을 드럼통 채 붓고, 계속해서 호스로 기름을 부어댄 셈이다. 문제는 앞으로도 이런 가파른 주가 상승이 계속될까 하는 점이다.

긍정적으로 볼 수 있는 점은 다음과 같다.

2007년 10월 종합주가지수가 2000을 넘어선 직후, 3개월 만에 20% 이상 하락한 1600선까지 떨어지자 많은 언론들이 펀드런(주가 하락으로 공포감을 느낀 많은 투자자들이 앞 다투어 펀드에서 돈을 빼내려는 현상) 가능성을 외쳤다. 하지만 'run'이라고 불릴 수 있을 만큼의 자금 이탈 현상은 나타나지 않았다. 과거처럼 단기적인 주가 변동에 부화뇌동하기 보다는 장기적으로 투자하면서 자산을 증식하려는 투자자가 많다는 뜻이다. 이러한 장기 투자자들의 안정적인 유동성 공급은 주가를 받쳐 주는 든든한 기반이 될 수 있다. 또한 운용 자산이 해마다 30조 원씩 증가하는 국민연금이 계속적으로 주식 투자 비중을 늘리고 있으며, 2012년에는 20%를 넘을 것으로 전망된다. 그뿐만 아니라 KDI(한국개발연구원)의 연구 자료에 따르면 최근 시작된 퇴직연금 제도를 도입한 기업의 수가 아직은 미미하지만 2010년에는 퇴직연금 시장의 규모가 50조 원을 넘을 것으로 예상된다고 한다. 국민연금이나 퇴직연금 등과 같은 대규모 기금이 주식 투자를 확대하게 되면 장기적인 주가 상승에 긍정적인 요인으로 작용할 것이다.

투자 주체별 주식 소유 비중이 많이 재편된 것도 긍정적인 점이다. 증권선물거래소의 자료에 따르면 2004년 시가총액 대비 40%에 이르던 외국인들의 국내 주식 소유 비중이 2007년 말 현재 30% 수준으로 떨어졌으며, 국내 기관투자자와 개인투자자의 주식 소유비중은 각각 3%포인트, 4.5%포인트 증가하였다. 우리나라 주식시장은 외국인들의 도박장이라고 불릴 만큼 외국인들에 의해 많은 영향을 받고 있다. 이들이 팔면 떨어지고, 사면 오르는 경향을 보이기까지 한다. 하지만 외국인들의 국내 주식 시장에 대한 영향력이 감소하면서 2005년 이후 계속 주식을 내다 팔고 있는데도 종합주가지수는 2000까지 오르는 기염을 토했다. 이처럼 주식시장을 단기적으로 들락날락 거리는 돈보다 지속적으로 유입되어 장기간 머무는 돈이 늘어 나면, 주식시장은 단기적으로는 여전히 변동성이 크겠지만 장기적으로는 꾸준히 상승할 가능성이 높다.

많은 금융회사들이 이러한 긍정적인 요인들을 내세워 주식형펀드와 변액보험 판매를 위한 마케팅을 한다. 금융회사들이 주장하는 가장 핵심적인 내용은 최근의 우리나라 주식시장 환경이 대세 상승기로 접어 들었던 80년대 초반 미국의 환경과 유사하다는 것이다.

미국의 다우지수는 1982년 1000을 돌파한 후 17년 만인 1999년에 10000을 넘었다. 다우지수가 대세 상승기로 접어들었던 시기에 미국 경제도 저금리 시대에 돌입했으며, 401K라 불리는 퇴직연금을 통한 개인의 주식 간접 투자가 증가했다. 또한 각종 연기금의 주식 투자 비중도 확대되었다. 이런 변화들이 장기간 미국 주가가 상승할 수 있는 기반이 되었다고 한다. 실제로 2000년 이후 2007년까지 우리나라에서 벌어진 상황과 크게 다르지 않아 보인다.

반면에 주가 상승 대세론을 부정적으로 볼 수 있는 점도 있다.
2008년 2월 26일자 헤럴드경제 기사에 따르면 현재 우리나라 전체 수익증권 계좌 수는 2,353만 개로 가구 당 1.5개 꼴이라고 한다. 펀드에 투자할 만한 사람들은 이미 모두 투자하고 있다는 뜻으로 해석될 수 있다. 즉 개인 투자자들의 주식형펀드 투자에 따른 지속적인 유동성 공급은 당분간 가능하겠지만, 신규 계좌 증가로 인한 추가적인 유동성 공급은 쉽지 않다는 뜻이다.
또한 국민연금의 주식 투자 비중 확대와 관련해서는 이에 반대하는 사람들이 많고, 과거처럼 정부가 증시 부양을 위해 시장에 개입하려 한다는 비판을 하는 사람들도 많기 때문에 주식 투자에 따른 평가 손실이 발생할 때마다 정부 입장에서는 큰 부담을 느끼게 될 수도 있다. 이는 정부가 계획한 대로 국민연금의 주식 투자 비중을 계속 늘리지 못할 수도 있음을 뜻한다.
퇴직연금 제도를 실시하는 기업이 증가하더라도 이에 비례하여 많은 돈이 주식시장으로 유입될지도 미지수다. 확정급부형 제도를 도입하는 기업은 향후 퇴직금 재원 운용에 대한 책임을 기업이 져야 하기 때문에 주식 투자에 소극적일 수 있다. 확정기여형 제도를 도입하는 기업의 경우 근로자들이 본인의 재량에 의해 투자 대상을 결정할 수 있지만 아직까지 우리나라의 많은 사람이 원금 보장을 선호하는 성향을 가지고 있고, 투자 실패 때 퇴직금을 날릴 수도 있다는 걱정을 한다면 역시 주식 투자에 소극적일 수 있다. 따라서 퇴직연금 제도를 도입하는 기업이 본격적으로 증가하더라도 이를 통해 주식시장에 영향을 줄 수 있을 만큼의 많은 돈이 흘러 들어오기까지는 생각보다 오랜 시간이 걸릴 수도 있다.

여기에 외국인들의 국내 주식 소유 비중이 줄어든 것도 한편으로 보면 부정적인 요인이 될 수 있다. 외국인들의 주식 소유 비중이 줄어들었다는 것은 그만큼의 주식을 국내 기관과 개인 투자자들이 떠안았다는 뜻이다. 최근 몇 년간 외국인들은 주식을 계속 팔고 있다. 그리고 그 주식을 국내 기관과 개인들이 계속 사들이고 있다. 혹시라도 지금의 상황이 외국인들이 내던지는 곧 폭발할 폭탄을 국내 기관과 개인들이 쉴 새 없이 받아 내고 있는 것이라면, 그리고 손이 부족해 더 이상 받아 내지 못하고 바닥에 떨어뜨리기 시작한다면, 걷잡을 수 없는 연쇄 폭발이 시작될지도 모른다.

미국의 다우지수처럼 우리나라의 종합주가지수도 향후 10년쯤 뒤에는 10000을 넘게 될 것이라는 주장에 대해서도 살펴 보자. 두 지수는 산출 방법이 서로 상이하기 때문에 같은 기준으로 비교할 수는 없지만, 어쨌든 종합주가지수가 향후 10년간 10000까지 상승하기 위해서는 2003년부터 2007년까지의 가파른 주가 상승이 앞으로도 계속 되어야 한다. 이는 주식시장에 막대한 자금이 추가로 공급되지 않고서는 어렵다. 1,000원짜리 사과를 한 개 사려면 1,000원이 필요하지만 10개 사려면 10,000원이 필요하다. 지난 28년 동안 사과 한 개를 겨우 샀는데, 향후 10년간 9개를 더 살 수 있을 만큼 많은 돈이 주식시장에 공급되기는 그리 쉬워 보이지 않는다. 또한 장기적으로 주가가 상승하려면 경제가 안정되고, 기업들이 이익을 내면서 꾸준히 성장해야 한다. 기업의 성장 없이 유동성 증가에 의해서만 주가가 장기간 상승하기는 어렵다. 즉 사람들이 먹고 살기 좋은 환경을 유지하면서 대한민국의 경제가 꾸준히 성장해야 한다.

향후 10년간 주식형펀드에 투자하면서 연 20% 이상의 고수익을 기대하려면 최근 우리나라 주식시장에서 벌어진 일들에 대해 이해하고, 앞으로도 이런 추세가 계속될 것이라는 확신을 가져야 한다. 그러나 불확실한 미래의 주가에 대해 확신을 갖는다는 것 자체가 모순이기 때문에 어쩌면 이 정도로 높은 수익률이 10년간 계속되리라고 생각하는 사람들에게 기대 수익률은 '기대' 수익률이기보다는, 하느님께 간절히 기도하고 하느님께서 그 기도에 응답해야만 얻을 수 있는 '기도' 수익률이라고 부르는 게 더 어울릴지도 모른다.

88올림픽을 전후로 3년 동안 종합주가지수가 3배 이상 오르자 많은 사람이 흥분했고, 올림픽이 끝나면 대한민국 경제도 선진국과 어깨를 나란히 할 수 있을 것이라며 환호했다. 외환위기 이후 98년부터 2년 동안 종합주가지수가 3배 가까이 오를 때도 역시 많은 사람이 이번에는 예전과는 다르다며 흥분했고, 종합주가지수 1000시대가 열릴 것이라며 환호했다. 하지만 결국에는 모두 가파른 절벽 밑으로 떨어졌다. 이때마다 가장 큰 손실을 본 사람들은 분위기에 이끌려 주식시장으로 몰려든 서민들이었다.

최근 5년 동안 종합주가지수는 3배 이상 올랐다. 그리고 많은 사람들이 종합주가지수 2000 시대, 3000 시대를 외쳤다. 그러나 2008년 하반기부터 급격한 조정을 보이더니, 급기야 전 세계의 주식 시장이 함께 심한 몸살을 앓고 있다. 이 상황이 하루 빨리 회복되지 않으면 이에 따른 가장 큰 고통은 이번에도 많은 서민들의 몫으로 남게 될 것이다.

이처럼 주가는 하늘 높이 치솟다가도 어느 순간 날개 잃은 새처럼 추락하기도 한다. 그리고 언제 그랬냐는 듯 또 다시 날아 오른다. 그렇기 때문에 주식이나 펀드에 투자하면서 매년 일정한 수익률을 유지하기는 어려우며, 고수익을 얻더라도 주가 하락 때에 손실 폭을 줄이지 못하면 제자리 또는 뒷걸음을 하게 된다. 투자를 전업으로 하지 않는 사람이 이런 상황의 변화를 예측하면서 투자하기는 어렵기 때문에 시장과 수익률 전망에 의존하여 투자 결정을 하기보다는, 장기간 유지해 나갈 수 있는 자신만의 포트폴리오를 갖는 일이 중요하다. 즉 자신이 감내할 수 있는 투자 위험의 정도를 알고, 예금, 채권, 주식 등에 적절한 비율로 분산 투자하면서 전체 자산의 투자 수익률을 물가 상승률 이상으로 유지하기 위해 노력한다면 투자 실패의 가능성을 줄이고, 건실하게 자산을 키워나갈 수 있을 것이다.

투자의 계절은 순환한다

겨울이 싫어 봄을 기다리는 사람은 곧 봄이 온다는 사실을 알고 있기 때문에 겨울이 그다지 절망적이지 않다. 겨울을 좋아하는 사람도 지금의 겨울이 지나면 1년 뒤 다시 찾아 온다는 사실을 알고 있기 때문에 잠시 겨울의 손을 놓아 줄 수 있다. 이렇듯 계절은 순환한다. 영원한 봄도, 영원한 겨울도 없다.

투자의 계절도 마찬가지이다. 주식시장에 따스한 봄(상승기)이 오면, 언젠가 뜨거운 여름(과열기)이 되고, 어느새 가을(하강기)이다 싶으면 곧 찬 바람이 쌩쌩 부는 겨울(냉각기)이 온다. 실제 계절의 순환과 다른 점이 있다면 언제 계절이 바뀔지 좀처럼 알기 어렵다는 사실뿐이다.

주식시장만 놓고 본다면 한겨울에 투자를 시작해서 한여름에 투자를 끝내는 사람은 최고의 수익률을 얻는다. 이런 사람들은 극히 소수에 불과하다. 봄에 투자를 시작해서 가을이 오기 전에 투자를 끝내는 사람도 많은 수익을 가져간다. 이런 사람들도 많지는 않다. 하지만 여름에 투자를 시작해서 가을에 투자를 끝내는 사람은 손해를 보며, 가을에도 끝내지 못하고 겨울에 끝내는 사람은 많은 것을 잃는다.

대부분의 사람들은 한참 뜨거운 여름에 투자를 시작해서 가을과 겨울에 투자를 끝낸다. 그래서 항상 손해만 보며, 그들이 잃은 돈은 다른 누군가의 계좌에 쌓인다. 그리고 이런 순환은 계속된다.

자신이 결정한 투자 원칙과 전략 그리고 계획에 의한 장기 투자를 하는 사람은 최고의 수익률을 얻지는 못하더라도 한여름에 투자를 시작해서 가을과 겨울에 끝내는 오류를 범하지는 않을 것이다.

사람들은 전문가가 내놓는 주식시장의 전망에 귀를 기울인다. 하지만 전망에 대해 말하는 전문가 중 상당수는 자신의 전망에 근거해 많은 투자 수익을 얻기보다는 그 전망 자체를 파는 데에서 돈을 번다. 그리고 수시로 말을 바꾸어 자신의 논리를 상황에 맞춘다. 예전에 모 경제 TV에 주식 전문가가 출연하여 주가 전망에 대해 이야기한 후, 개인 투자자들에게 전화 상담을 해주는 방송을 본 적이 있다. 전화를 건 사람들은 어떤 종목을 가지고 있는데, 지금 팔아야 하는지 좀 더 가지고 있어야 하는지 등을 그에게 묻는다. 그리고 방송이 끝난 후 주식 투자할 돈을 신속히 빌려준다는 광고가 나온다. 코미디를 보는 느낌이 들어 웃고 말았다.

지금 주식시장에는 겨울이 온 듯하다. 초입인지 한겨울인지는 나도 알지 못한다. 다만 가을이 매우 짧았다는 느낌뿐이다.

　나는 지난 2007년 10월 종합주가지수가 최고점을 찍고 하락하기 직전에 주식형펀드에 투자된 돈의 상당 부분을 정기예금으로 옮겼다. 내가 주식시장의 여름이 끝나간다는 사실을 미리 알았을까? 절대로 'NO'이다. 만약 그랬다면 주식형펀드에 투자된 돈을 전부 뺐을 것이다. 정기예금 만기일이 10월이었고, 나의 규칙에 의해 투자 비율을 변경했을 뿐이다. 그 이후부터 지금까지 주가가 큰 폭으로 하락했기 때문에 주식형펀드에 남아 있는 돈과 매월 추가로 투자한 돈의 수익률은 현재 마이너스이다. 하지만 이전 수년간 얻어둔 수익이 조금 줄어든 것에 지나지 않는다. 그리고 향후 수년 이내에는 투자한 돈에 손댈 계획이 없기 때문에 이 겨울이 가기만을 기다리며 조금씩 그리고 꾸준히 가격이 떨어진 주식을 사 모을 것이다.

　주가를 미리 알 수 있는 방법은 없다. 또한 내가 애쓴다고 주가가 오르지도 않는다. 그렇기 때문에 장기적인 주가 상승을 기대하며, 나 스스로 정한 투자 원칙과 전략을 일관되게 실행해 나갈 뿐이다. 다만 나에게는 주식을 선별하고 운용하는 데 필요한 지식과 경험이 부족하기 때문에 이런 일을 생업으로 하고 있는 펀드매니저에게 돈을 맡긴다. 그런데 언제부터인가 나의 의지와는 상관 없이 펀드매니저가 마음대로 주식을 고르고, 매매하는 것조차 싫어졌다. 그래서 이런 고민을 줄이기 위해 투자하고 있던 주식형펀드를 최근 2년 사이 전부 인덱스펀드로 바꾸었다. 인덱스펀드를 운용하는 펀드매니저는 해당 인덱스를 구성하는 주식 외에 다른 주식을 마음대로 고를 수 없으며, 적극적으로 사고 팔지도 못한다. 그의 1차적인 임무는 해당 인덱스의 수익률과 동일한 수익률을 얻는 것이기 때문이다.

지금 주식시장에 겨울이 왔다면 금리시장에는 여름이 온 듯하다. 부자들은 금융회사를 돌아다니며 금리 쇼핑을 즐기고 있다. 그리고 빚이 많은 사람은 늘어나는 이자 부담 때문에 점점 더 빚에 쪼들려 가고 있다.

나는 이번 정기예금 만기일에는 정기예금에 재투자할 돈의 일부를 떼어 만기가 3년 이상 남은 확정금리 채권에도 투자할 계획이다. 그 동안 거들떠도 안 봤던 채권이 금리가 많이 오른 지금은 매우 매력적으로 느껴진다.

향후 금리 시장에 다시 겨울이 오면 여름에 사 둔 채권은 나에게 확정 수익과 함께 가격 상승에 따른 매매 차익까지 돌려 주게 될 것이다(채권 매입 후 금리가 하락하면 채권 가격은 상승한다). 물론 채권에 투자한 후 금리가 더 오르면 원금손실이 생길 수 있지만 채권은 만기일까지 쥐고만 있으면 발행기관으로부터 투자 원금과 확정 수익을 전부 돌려 받는다. 따라서 국공채나 신용도가 높은 기업이 발행한 채권을 매입하여 만기일까지 보유한다는 생각으로 얼마를 투자할지 결정할 것이다.

영원히 여름일 듯하던 주식시장에 지금은 찬 바람이 불고 있으며, 영원히 별볼일 없을 듯하던 금리시장이 지금은 다시 뜨거워졌다. 언젠가는 다시 계절이 바뀔 게 분명하다. 하지만 계절의 전환점을 예측하는 일은 나를 포함한 대부분의 사람들에게는 무척이나 어려운 일이다. 경제학 박사나 특정 분야의 전문가라고 해서 예외는 아니다. 많이 아는 것과 미래를 예측하는 것은 전혀 다른 문제이다. 따라서 세상에는 나만큼 모르는 사람과 나보다 더 모르는 사람만 존재한다고 생각하면 마음이 편해진다. 그러면 남에게 묻기보다는 자신의 판단에 의해 투자 결정을 할 수 있다. 도무지 모르겠다면 저축만 열심히 해도 괜찮다. 그리고 조금씩 알아가는 노력을 하면 된다.

매일 8시간 이상 땀 흘려 번 소중한 돈을 투자하면서 그 결정권을 남에게 넘길 것인가 아니면 자신이 쥐고 있을 것인가? 나는 내가 쥐고 있어야 한다고 생각한다.

에필로그
열심히 관리하는 사람은 당해낼 수가 없다

2008년 초 원고를 쓰는 동안 유가는 100달러를 넘나들고, 원자재 가격이 폭등했다. 원달러 환율도 상승했다. 그리고 여름에 출판사에 원고를 넘긴 후에는 핵폭탄과도 같은 미국발 금융 위기가 국내에까지 불어 닥쳤다. 다시는 볼 수 없으리라 믿었던 세 자리 주가지수에, 원달러 환율은 1,500원대에 육박하기도 했다. 한창 호황이던 2007년의 이맘때를 생각하면 갑자기 모든 문제가 발생했다는 느낌이 들기도 하다. 다만 뇌졸중은 어느 날 갑자기 찾아 오는 질병이 아니라 오랫동안 잠재되어 온 문제가 갑자기 폭발하는 것일 뿐이라는 한 의사의 말이 떠오른다.

최근 물가 상승과 (대출)금리 상승 그리고 주가 폭락으로 인해 많은 사람이 어려움을 겪고 있다. 특히 종합주가지수가 신고점을 연일 경신하던 2007년 하반기에 주식형펀드나 ELS 등의 투자에 처음 나섰던 많은 사람이 이제는 원금이라도 건져야 한다는 생각으로 주가가 다시 상승하기만을 손꼽아 기다리고 있다. 해외펀드 투자자도 마찬가지이다.

그뿐만 아니라 내 돈 물어내라며 금융회사의 영업점에 드러눕는 사람들까지도 있으며, 투자를 권유하면서 충분한 설명을 하지 않았다는 이유로 금융회사와 분쟁을 벌이는 사례도 늘고 있다. 과거에는 증권사에서나 볼 수 있었던 광경이지만 지금은 은행과 보험사에서도 같은 모습을 볼 수 있다. 투자자는 물론 투자를 권유한 금융회사의 직원들까지도 속이 새까맣게 타 들어가고 있는 상황이다. '투자의 시대'가 낳은 부작용이 아닌가 생각된다.

언제부터인가 우리는 '저축의 시대에서 투자의 시대로'라는 말을 듣게 되었다. 이는 어찌 보면 자본 시장 육성을 위해 정부와 금융회사가 함께 만들어낸 신조어이다. 그럼에도 불구하고, 우리나라의 금융시장과 개인의 자산 구조에 많은 변화를 가져왔다. 그 결과 펀드나 변액보험 등에 투자하지 않는 사람은 시대에 뒤처진 사람 취급을 받기도 한다.

나는 이러한 변화를 한편으로는 긍정적으로 받아들인다. 왜냐하면 개인과 기관의 돈이 부동산, 채권, 예금 등에만 몰려 있으면 개인에게는 물론, 국가 경제에도 큰 도움이 되지 못하기 때문이다. 그러나 많은 사람이 자신의 판단보다는 금융회사 직원의 권유나 주변에서 들리는 말에 의해 투자 결정을 하고 있다는 점은 문제라고 생각한다. 또한 금융회사 간의 지나친 금융상품 판매 경쟁이 개인들의 '묻지마' 식 투자를 부추기는 면도 있다고 생각한다. 투자를 권하는 사람도, 투자를 하려는 사람도 더불어 잘 살기 위한 투자를 하기보다는 서로 뺏고 빼앗기는 수익률 게임에 참여하고 있는 듯하다.

나는 고수익을 좇는 대부분의 사람들은 저축을 열심히 하는 사람을 당해내지 못한다고 믿는다. 그리고 평범한 사람이 부자가 되기 위해 할 수 있는 가장 확실한 방법은 좋은 저축 습관을 유지하면서 자신의 몸 값을 높여 수입을 늘리거나 자기계발을 통해 특별히 관심 있는 분야에서 추가적인 수입을 만들어 내는 것이라고 생각한다. 이를 위해서는 주식이나 펀드 투자에 매달리기 전에 자기 자신에게 먼저 많은 시간과 돈을 투자해야 한다. 이렇게 해서 쌓은 지식이나 기술은 강력한 부富의 밑천이 된다.

  나는 부자가 아니다. 성공한 사람도 아니다. 하지만 한 가지 자부하는 점은 나와 아내는 책을 사거나 공부를 하는 데는 돈을 아끼지 않는다. 아무리 바쁘고 마음의 여유가 없어도 시간을 쪼개서 책을 보거나 필요한 공부를 한다. 그 결과 나는 적어도 내가 일하는 분야에서는 전문성을 인정 받고 있다. 그리고 그 동안 공부하고, 경험한 것을 정리하여 이렇게 책으로 옮겼다. 이 책은 나에게 추가적인 수입은 물론 여러 사람들에게 '고경호'라는 이름 석 자를 알릴 수 있는 기회를 주게 될 것이다. 이런 노력이 결국에는 눈에 보이는 이익이 되어 부메랑처럼 나에게 되돌아 오리라 믿는다.

  중학교 보건 교사인 나의 아내 역시 관련 분야에서 전문성을 인정 받아 얼마 전 유명한 대학 교수들과 함께 학교 보건에 관한 연구 프로젝트에 참여하였다. 그리고 내로라하는 전문가들과 함께 연구 논문에 자신의 이름을 당당히 올렸다. 지금은 대학원에 진학하기 위한 준비를 하고 있다.

  이처럼 나 자신에게 하는 투자는 세상에서 가장 즐거운 일일 뿐더러, 수입의 증가 또는 자기 만족과 같은 형태의 수익을 보장 받는다. 이런 종류의 수익은 주식이나 펀드에 투자해서는 얻지 못한다. 주식이나 펀드에 투자해서 얻은 수익은 다시 날려 버릴 위험이 있지만 나에게 투자해서 얻은 수익은 그렇지 않다. 따라서 이 책에서 계속 이야기한 '부자가 되려면 충분히 저축하고, 복리 투자를 지속해야 한다.'는 나의 주장에 한 마디를 덧붙이고 싶다. '자기 자신에 대한 투자도 충분히 계속해야 한다.'

  마지막으로 감사의 말로 책을 끝내려 한다. 미완의 원고를 꼼꼼히 읽고 출판을 결정해 주신 다산북스의 김선식 사장님과 관계자 분들에게 감사드린다. 부족하기만 한 원고를 읽고 많은 격려를 해주신 신정숙 선생님, 이향숙 님, 김상진 연구원님, 손정숙 님, 이경희 님, 조원덕 약사님, 박중환 지점장님, 김태헌 CFP님, 진심으로 감사한다. 그리고 따가운 비평과 함께 따뜻한 조언을 함께 해주신 여호룡 님과 박철진 CFP님께도 깊이 감사드린다. 누구보다 책을 쓰는 동안 모든 주말과 휴일을 혼자 아이와 씨름하면서 보낸 아내 박경민에게 큰 사랑을 전하며, 황금알을 낳는 거위처럼 우리 가정에 매일 행복의 황금알을 하나씩 선사하는 예쁜 딸 윤서에게도 사랑을 전한다.

2008년 끝 무렵
고 경 호

4개의 통장

평범한 사람이 목돈을 만드는 가장 빠른 시스템

초판　1쇄 인쇄 2009년 1월 5일
초판 137쇄 발행 2025년 3월 21일

지은이 고경호
펴낸이 김선식

부사장 김은영
콘텐츠사업본부장 임보윤
콘텐츠사업1팀장 한다혜 **콘텐츠사업1팀** 윤유정, 문주연, 조은서
마케팅2팀 이고은, 배한진, 양지환, 지석배
미디어홍보본부장 정명찬
브랜드홍보팀 오수미, 김은지, 이소영, 서가을, 박장미, 박주현
채널홍보팀 김민정, 고나연, 홍수경, 변승주, 정세림
영상홍보팀 이수인, 염아라, 석찬미, 김혜원, 이지연
편집관리팀 조세현, 김호주, 백설희 **저작권팀** 성민경, 이슬, 윤제희
재무관리팀 하미선, 임혜정, 이슬기, 김주영, 오지수
인사총무팀 강미숙, 이정환, 김혜진, 황종원
제작관리팀 이소현, 김소영, 김진경, 이지우
물류관리팀 김형기, 주정훈, 김선진, 양문현, 이민운, 채원석, 착재연

펴낸곳 다산북스 **출판등록** 2005년 12월 23일 제313-2005-00277호
주소 경기도 파주시 회동길 490
전화 02-704-1724 **팩스** 02-703-2219 **이메일** dasanbooks@dasanbooks.com
홈페이지 www.dasan.group **블로그** blog.naver.com/dasan_books
종이 스마일몬스터 **출력 북토리** **후가공 북토리** **제본** 북토리

ISBN 978-89-93285-55-0　03320

- 책값은 표지 뒤쪽에 있습니다.
- 파본은 구입하신 서점에서 교환해 드립니다.
- 이 책은 저작권법에 의하여 보호를 받는 저작물이므로 무단 전재와 복제를 금합니다.

다산북스(DASANBOOKS)는 독자 여러분의 책에 관한 아이디어와 원고 투고를 기쁜 마음으로 기다리고 있습니다.
책 출간을 원하는 아이디어가 있으신 분은 다산북스 홈페이지 '투고원고'란으로 간단한 개요와 취지, 연락처 등을 보내주세요.
머뭇거리지 말고 문을 두드리세요.